Matthias Dhammavaro Jordan
Ruheloser Geist trifft Achtsamkeit

Verlag Via Nova

Matthias Dhammavaro Jordan

Ruheloser Geist trifft Achtsamkeit

Aus der Zeit in den Moment

Verlag Via Nova

1. Auflage 2013
Verlag Via Nova, Alte Landstr. 12, 36100 Petersberg
Telefon: (06 61) 6 29 73
Fax: (06 61) 96 79 560
E-Mail: info@verlag-vianova.de
Internet: www.verlag-vianova.de / www.transpersonale.de
Umschlaggestaltung: Guter Punkt, München
Coverfoto: Silke Brandenstein, www.artoffer.com/mdaf
Satz: Sebastian Carl, Amerang
Druck und Verarbeitung: C.H. Beck, 86720 Nördlingen

ISBN 978-3-86616-252-5

Inhalt

Vorwort

Liebe Leserin, lieber Leser,

„Ruheloser Geist trifft Achtsamkeit" ist die Begegnung zweier Qualitäten in uns.

Die Beanspruchungen des Alltags, denen wir in der schnelllebigen Zeit manchmal nicht gewachsen sind, fordern von uns Antworten.

Hierzu bedarf es einer angemessenen Haltung, um sich in der Welt nicht zu verlieren.

Achtsamkeit ist wie eine gute Freundin.

Sie ist die Qualität, die uns aufmerksam werden lässt und uns mit unserer Mitte und inneren Weisheit wieder verbindet. Sie hilft uns, eine Insel der Ruhe zu schaffen, die wir immer wieder aufsuchen können.

Wir schauen uns um, schauen in uns selbst und erforschen das Leben und die großen Fragen, die sich uns immer wieder stellen: Was ist der Sinn des Lebens? Wer bin ich? Woher komme und wohin gehe ich?

Ob Sie Antworten finden werden, weiß ich nicht.

Das Buch besteht aus zwei Teilen.

Im ersten Teil stelle ich Betrachtungen über Aspekte des Lebens und die Wirkungsweise unseres menschlichen Geistes an. Hier schöpfe ich aus meiner eigenen Lebenserfahrung und besonders aus den Erkenntnissen, die ich in zwölf Jahren als buddhistischer Mönch erfahren durfte.

Im zweiten Teil möchte ich Ihnen einen Einblick in Theorie und Praxis der Meditation und der Entwicklung von Achtsamkeit geben.

Dieses Buch erhebt weder den Anspruch, die buddhistische Lehre in all ihrer Vollständigkeit darzulegen, noch, die letztendlichen Fragen zu beantworten.
Es möchte Sie auf eine kontemplative Reise einladen.

Möge dieses Buch Sie unterstützen, Achtsamkeit in Ihrem Alltag zu entwickeln, und die Betrachtungen Sie ermutigen, Ihrer innewohnenden Weisheit zu vertrauen und Ihren eigenen Weg zu finden.

Matthias Dhammavaro Jordan

Erster Teil

Ruheloser Geist trifft Achtsamkeit

Aus der Zeit in den Moment

Ausgangspunkt: Mitten ins Leben

Die natürliche Haltung von uns Menschen ist es, das Angenehme halten und das Unangenehme loswerden zu wollen. Jedoch nimmt das Leben meist keine Rücksicht auf unsere Wünsche und Vorlieben und so erleben wir in den verschiedenen Lebensphasen diese ständigen Enttäuschungen. Die Frage ‚Was ist falsch an mir?' könnte entstehen und das Leben mit seiner Unbeständigkeit könnte als persönliches Versagen empfunden werden.

Zwar nicht dann, wenn alles so läuft, wie ich es mir wünsche, aber was passiert in mir, wenn ich krank oder alt werde, wenn mir die liebgewordenen Dinge genommen werden, wenn ich in Situationen komme, die für mich in der Vorstellung ein Alptraum waren? Wie wird es mir gehen, wenn der mir sichere Tod an meine Haustüre klopft? Ist das persönliches Versagen, Misserfolg, Unfähigkeit oder sind es nur Ereignisse, die das Leben auch für mich, für jeden bereithält?

Eine richtige Frage an dieser Stelle könnte sein: Was ist unvollständig an meiner Haltung dem Leben und seinen Ereignissen gegenüber? Wenn wir unsere Wünsche und Hoffnungen nicht immer erfüllt sehen, entsteht das Leiden in all seinen Formen. „Das Haften an den uns angenehmen Dingen ist das Problem", so sagt Buddha. Es ist eine scheinbare Unfähigkeit, den Dingen Erlaubnis zu geben, sich ihrer Natur gemäß verändern zu dürfen.

Diese Haltung nannte der Buddha *Upadana*: Festhalten, Anhaften oder Verhaftetsein.

Mit dieser Haltung wird jede unvorhersehbare Veränderung zur Bedrohung. Nicht nur dann, wenn diese Veränderung eintritt, sondern auch schon, wenn ich an die Möglichkeit dieser Veränderung denke. Dann entstehen Ängste, Sorgen, Depressionen und Hoffnungslosigkeit.

Es sollte verstanden werden, dass hier nicht gemeint ist, Freude und Glück seien unerwünscht. Sie stellen sich im Leben oft genug ein: der wunderschöne Sonnenaufgang, das Lächeln und die Liebe eines Kindes oder das Blühen einer Blume. Die Sonne geht aber auch wieder unter, Kinder sagen manchmal Blödmann zum Papa und Blumen verwelken meist nach der Blüte. Nein, Freude und Glück sind die Kräfte, die uns mit bewegen, aber welche Zuflucht habe ich, wenn ,der Wind der Unbeständigkeit' durch mein Leben weht? Die innewohnende Unbeständigkeit in allen Erscheinungen ist weder gut noch böse, richtig oder falsch, sondern sie ist einfach nur so.

Wenn wir uns gegen diese Unbeständigkeit stellen, werden wir in die verschiedenen Formen des Leidens gezogen. Die Vertreibung aus dem mythologischen Paradies erfolgte, als der Mensch anfing, Vorlieben zu entwickeln. Er teilte die Erscheinungen der Welt in richtig und falsch ein und aß von dem verbotenen Baum der Erkenntnis von Gut und Böse.

Buddha wird auch der *Thatataga* genannt: Der, der die *Soheit* der Dinge sieht.

Sie sind weder gut oder böse, noch richtig oder falsch, sondern die Dinge sind einfach nur so.

,Wie langweilig ist eine Welt, die keine Gegensätze mehr erleben lässt', könnte jemand einwenden. Aber vielleicht zeigen sich erst durch ein entwickeltes Verständnis über die Soheit Qualitäten, die von diesem bedrückten Geist gar nicht wahrgenommen werden konnten: Friede, Stille, Weisheit, Liebe und ein Verständnis über die wahre Natur aller Dinge.

Daseinsmerkmale der Existenz

In der buddhistischen Lehre wird auf Glaubenssysteme verzichtet.

Buddha hat in seinen Such- und späteren Lehrjahren Erkenntnisse gewonnen und die Einladung ausgesprochen, für sich selbst zu schauen und zu forschen. Er erkannte drei wesentliche Daseinsmerkmale der Existenz.

Das erste Daseinsmerkmal ist die Tatsache der Vergänglichkeit oder Unbeständigkeit, auf Pali: *Anicca*.

Hier weist Buddha darauf hin, dass alles, was auf Grund von Bedingungen entstanden ist, auch wieder vergehen muss. Alle Erscheinungen haben einen Anfang. Sie durchlaufen einen Verwandlungs- oder Veränderungsprozess, was als Altern bezeichnet wird, und müssen dann zu einem Ende kommen, was Sterben und Tod genannt wird. Es ist ein Naturgesetz, an dem wir nichts ändern können, aber von dem wir alle betroffen sind. Wir erleben jeden Tag Veränderungen in und an uns oder im Außen: Der Lauf der Sonne, das Verwelken einer Blume, das Beenden eines Mahls, Gefühle und Gedanken, die kommen und gehen. Es gibt nichts zu finden, das bleibt, wie es ist. Alles, was auf Grund von Bedingungen zum Entstehen gekommen ist, muss auch wieder auf Grund von Bedingungen vergehen. An Naturgesetzen können wir nichts ändern, aber an der Haltung, die wir diesen Ereignissen gegenüber einnehmen.

Das zweite Daseinsmerkmal ist das Leiden, Stress oder eine gewisse existentielle Unzufriedenheit, auf Pali: *Dukkha*.

Im Palikanon, den ältesten buddhistischen Schriften, hat *Dukkha* allerdings eine weitläufigere Bedeutung als nur Leiden. Übersetzt heißt es: ‚Etwas, das schwer zu tragen oder zu ertragen ist'. In der klassischen Auflistung des Begriffes *Dukkha* heißt es:

Geburt, Altern, Krankheit und Tod sind *Dukkha*.

Sorgen, Trauer, Schmerz, und Unwohlsein sind *Dukkha*.

Mit jemandem zusammen zu sein, den man nicht liebt, getrennt zu sein von dem, das man liebt, nicht zu bekommen, was man sich wünscht, all das ist *Dukkha*.

Dies ist das Leiden im gewöhnlichen Sinne.

Weiterhin resultiert *Dukkha* aus der Haltung, die dem Naturgesetz der Vergänglichkeit gegenüber eingenommen wird. Bringe ich dem Gesetz der Vergänglichkeit eine Akzeptanz entgegen oder will ich etwas anders haben, als es mir das Leben anbietet?

Ajahn Buddhadasa sagt, dass es der Kern der Buddhistischen Lehre sei, an nichts anzuhaften. Nicht anhaften bedeutet nach meiner Sicht, den Dingen die Erlaubnis zu geben, sich ihrer naturgegebenen Bestimmung gemäß entwickeln und verändern zu dürfen. Stelle ich mich gegen das Naturgesetz der Vergänglichkeit, indem ich etwas anders haben will als das, was das Leben mir anbietet, werde ich Leiden in den verschiedenen Formen erleben müssen.

Eine weitere Form des Leidens entsteht, wenn ich an dem anhafte, was ich mein Selbst nenne, denn dieses Selbst ist in ständigem Wandel begriffen.

Dukkha ist die Kernlehre des Buddha.

Auf die Frage, was er lehren würde, antwortete er: „Nur eines lehre ich, jetzt wie früher: dass es Leiden und dass es ein Ende des Leidens gibt."

Die Lehre und der Weg sind in den vier edlen Wahrheiten genau beschrieben.

Das dritte Daseinsmerkmal nannte der Buddha „Nicht-ich" oder „Nicht-selbst", auf Pali: *Anatta*.

Nicht-selbst bedeutet, dass es weder innerhalb noch außerhalb der körperlichen und geistigen Erscheinungen etwas gibt, das als eine für sich bestehende, unabhängige Wesenheit oder Persönlichkeit bezeichnet werden könnte.

Buddha konnte keine Wesensmerkmale finden, die sich nicht verändern. Er fand weder eine persönliche Seele noch bleibende Merkmale einer Person oder eines sogenannten Individuums. Er sagte nicht, dass es keine Persönlichkeit gebe, sondern betonte deren Wandelbarkeit und Unbeständigkeit. Alle Dinge sind ohne Selbstbestand und gehören niemandem.

Wer bin ich?

Wer bin ich wirklich, nachdem alles Vergängliche oder Veränderbare abgezogen wird?

Die Mystiker verschiedener Religionen kamen zu ähnlichen Ergebnissen: Meister Eckhart, ein christlicher Mystiker, sprach von dem Seelengrund: wo kein Ich, kein Selbst mehr zu finden ist, sondern das, was da ist, nicht verschieden von Gott ist. Nach Abzug der persönlichen Merkmale des Selbst oder Ichs setzte er den Seelengrund gleich mit Gott, das, was wir sind, das, was Gott ist, ist in diesem Seelengrund nicht mehr zu unterscheiden. Es ist die Vereinigung mit Gott, das Nach-Hause-Kommen oder das Ankommen im Seelengrund.

Ein indischer Weiser, Nisargadatta Maharaj, sagte, dass wir letztendlich nicht das sein können, was sich ständig ändert, wie unser Körper, Gefühle, Gedanken, Wünsche und Wahrnehmungen. Er riet herauszufinden, was sich nicht ändert.

Individualität ist vergleichbar mit den vielen Zimmern in einem Haus, die verschieden eingerichtet sind. Wird das Haus eines Tages abgerissen, verlieren diese Zimmer ihre Namen und die Räume der Zimmer vereinigen sich wieder. Das, was schon immer war, bleibt: Raum.

Auch hier ist es ein Nach-Hause-Kommen zu dem, was schon immer war. Auf uns Menschen bezogen ist es meines Erachtens diese tiefe Sehnsucht nach Verbundenheit, die wir ständig in uns fühlen.

Weil wir individualisiert sind, haben wir fühl- und sichtbare Unterschiede zu anderen Menschen. Wir unterscheiden uns, geben unserem geistigen Raum, uns selbst die Namen auf Grund der Qualitäten, die wir dort finden. Aber alle Qualitäten, die wir da finden, sind Dinge, die sich verändern oder verändern können. Ich finde nichts wirklich, auf das ich zeigen und von dem ich sagen kann: DAS bin ich.

Beginnen wir mit dem Offensichtlichen, das ich als mein Selbst nehme: der Körper. Dieser Körper war eine Ei- und Spermazelle, die zu einem Embryo heranwuchs, geboren wurde und sich unaufhaltsam weiter entwickelte über die verschiedenen Stufen eines menschlichen Wesens bis zu dem Punkt, wo dieser Körper schließlich irgendwann sterben muss. Die Elemente die ihn ausmachten, gehen wieder ‚nach Hause‘.

Das nächste Offensichtliche, was wir für unser Selbst nehmen, sind unsere Gedanken und Gefühle. Auch hier: Wohin sind all die ungezählten Gedanken und Gefühle gegangen, die ich nur heute dachte oder fühlte? Sie kamen und sie gingen wieder und doch blieb ‚etwas‘ hier, nämlich der, der sie hatte. Ich entdecke andere Qualitäten in mir und nehme sie als mein Selbst: den Ärger oder die Freude, den Neid oder die Großzügigkeit, meine Gesundheit oder meine Krankheit. Vielleicht meine Armut oder meinen relativen Reichtum oder meine gesellschaftliche Stellung. Die Liste könnte so weitergeführt werden. An dieser Stelle bitte ich Sie, einfach mal in sich hinein zu lauschen und zu ‚hören‘, welche Gedanken, Betrachtungen oder Erkenntnisse sich grade bei Ihnen zeigen. Suchen Sie vielleicht grade nach *der* Qualität, die Sie ausmacht? Bei näherer Betrachtung merken Sie aber: Nein, auch das kann sich ändern. Kann es sein, dass da ein Teil in Ihnen einen leichten Schreck bekommt? Eine andere Stimme sagt vielleicht: So ein Unsinn.

Ich möchte behaupten, dass sie bei jeder Qualität, die Sie bei sich finden, feststellen werden, dass auch sie sich verändern kann.

Hier kann die Frage gestellt werden: Wer ist das eigentlich, der sich das alles fragt und all das wahrnimmt? Dieses natürliche Gefühl in Ihnen von „Ich bin“. Diese Qualität von Bewusstheit, Wachheit, Gegenwärtigkeit. Es ist dieser geistige Raum, durch den all diese Qualitäten ‚ziehen‘. Dieser Raum des Gewahrseins, der Wachheit, der innere, weite Raum, der kein Alter kennt, der empfängt, der erlebt und durch den die Dinge ziehen.

Bekommt dann nicht der Satz: „Ich habe all das, aber ich bin es nicht“, die erfahrbare Bedeutung, die ihm gebührt? Aber es gibt hier nichts zu glauben, denn Sie sind Ihre eigene Insel, Ihr eigenes Licht, Ihre eigene Autorität.

Der geistige Raum

Was Bewusstsein ist, vermag niemand so recht zu sagen.

Es gibt viele Forschungen auf dem Gebiet und verschiedene Traditionen haben ihre Bezeichnungen gefunden. Da gibt es Begriffe wie Seele, Geist, Bewusstseinsraum, Ich, Selbst und wahrscheinlich noch andere. Aber sie zeigen alle in eine Richtung: Nämlich genau dahin, wo Sie gerade sind, auf das ‚Ding‘, das aus Ihnen herausschaut.

Dieser empfangsbereite Raum ist formlos, hat keine Farbe und ist immer leer. Wenn Sie mit Achtsamkeit einen Baum (zum Beispiel) anschauen, sind Sie sich des Baumes bewusst. Wenn Sie andere Dinge anschauen oder etwas tun, sind Sie sich dieser Dinge bewusst. Auch Gefühle oder Gedanken kommen in diesen Raum. Wenn Sie sie wieder gehen lassen, oder sie gehen von selbst, ist dieser Raum wieder leer.

Es ist der Bewusstseinsraum, der bereit ist zu empfangen.

Diese Dinge gehen zu lassen und sich auf den Raum zu beziehen, ist die geübte Kunst, an dem Erlebten nicht hängen zu bleiben. Das bezieht sich auch auf Gedanken, Gefühle, Meinungen, Wahrnehmungen oder Bewertungen.

Der Name eines Zimmers wird bestimmt durch die Art seiner Einrichtung.

…ein Schlafzimmer ist aus ganz bestimmten Gründen keine Toilette, doch der leere Raum beider Zimmer unterscheidet sich nicht…

Ich bleibe bei dem Bild, das den Geist mit dem leeren Raum eines Zimmers vergleicht. Die Objekte, die diesem Raum seine

Identität geben, sind vielfältig, oft ungeordnet und unbekannt. Der Weg, den diese Objekte nehmen, um in unseren Geist zu gelangen, führt über unsere Sinne. Sie sind die Tore, die die Welt da draußen mit der Welt hier drinnen verbinden.

Unser Geist ist damit beschäftigt, diesen Objekten einen Platz zu geben, sie zu verstehen, sie zu koordinieren, zu bearbeiten und zu bewerten. Wenn Sie sich in dem Zimmer, in dem Sie jetzt gerade sind, umschauen, sehen Sie verschiedene Dinge: vielleicht Stühle, einen Tisch, Bücher, andere Menschen und vieles mehr. Wenn Sie dann den Kugelschreiber auf Ihrem Tisch ganz dicht vor Ihre Augen halten, ist er so groß geworden, dass Sie nur noch ihn sehen, obwohl alles andere auch noch da ist. Legen Sie diesen Kugelschreiber wieder auf den Tisch oder geben ihm einen Platz, haben Sie wieder den notwendigen Abstand geschaffen, um auch die anderen Dinge im Zimmer sehen zu können.

So können Sie auch mit geistigen Erscheinungen und Qualitäten umgehen. Übungen zur Meditation können Sie unterstützen, die Objekte, Themen oder Probleme nicht gleich zu erforschen, sondern ihnen erst einen Platz zu geben und den Raum dazwischen wahrzunehmen. Das Erforschen, Kennenlernen und Loslassen dieser Themen kommt zu einem anderen Zeitpunkt. Sie genießen aber den stillen Zwischenraum.

Morgengedanken

Das Leben entfaltet sich
im Nahen des Frühlings.
Der Aufbruch
ist nicht aufzuhalten.

Der Geist, das Herz,
beschäftigt mit so allerlei
finden in sich selbst zur Ruhe.
Zwischendurch.

Das Licht
braucht den Film
auf der Leinwand nicht,
um zu sein.
Es durchstrahlt
die mannigfaltigen Formen,
wie sie kommen und gehen.
Es bleibt jedoch
an keinem Bilde hängen.

Altes, Vergangenes
will zwar gesehen,
aber nicht gehalten werden.

Raum wird frei
es ordnet sich.

Nur hier
hat die Liebe eine Chance,
und nur für sie
lohnt es sich zu leben.

Da lacht der Frosch,
springt in den Tümpel
und die Wassertropfen
perlen einfach an ihm ab.

Die Trilogie des Loslassens

„Woran auch immer wir Festhalten,
wird zur Quelle des Leidens.
Das ungeschickte Festhalten aufzugeben,
ist der Schlüssel zur buddhistischen Praxis."

Ajahn Buddhadasa

Wir haben es alle schon gehört, das große Wort „loslassen":
oft als gutgemeinten Rat, etwas Unangenehmes wegzuwerfen,
wegzuschieben, loszuwerden, um einfach nichts mehr damit
zu tun haben zu müssen. Es eben loslassen. Vielleicht haben
Sie auch schon diesen Rat bekommen, aber bald gemerkt, dass
das, was Sie gerne los wären, einfach nicht loszubekommen
ist. Vielleicht sind es unangenehme Gedanken, Gefühle oder
Schmerzen, körperlicher oder seelischer Art, vielleicht Erinnerungen an schlimme Ereignisse. Aber was auch immer
es sein mag, so einfach ist es mit dem Loslassen leider nicht.
Im Gegenteil: Je mehr Widerstand Sie dem entgegenbringen,
was Sie gerne los wären, desto mehr scheint dieses Ding bei
Ihnen bleiben zu wollen.

Aber wie geht das eigentlich, das Loslassen?

Nach meiner Sicht besteht das Loslassen aus drei Schritten.

Der erste Schritt: Kommenlassen

Viele kennen den Scheinriesen aus der Geschichte von Lukas
und Jim Knopf: ein Mann mit langem Bart, erscheint sehr
bedrohlich und groß, solange er in der Ferne ist. Aus Angst

laufen die Menschen vor ihm davon und lernen ihn so nicht kennen. (Es ist nur ein Scheinriese.)

Aus Angst vor ihm nehmen die Menschen sich die Möglichkeit, zu erleben, wie etwas Bedrohliches, Riesiges und Überwältigendes auch auf eine normale Größe herunterschrumpfen kann, wenn man ihm die Erlaubnis gibt, näher zu kommen. So ist es auch mit verschiedenen Themen unseres Lebens. Kaum meldet sich etwas Unangenehmes, wollen wir weglaufen, es loswerden, wenn es schon da ist, und nichts damit zu tun haben. Aber so funktioniert das leider nicht, oder nur zeitweise. Auch nicht mit Ablenkungen oder verschiedenen Drogen: Sie überlagern unser Problem nur, vielleicht für den einen gewissen Zeitraum, wenn wir diese Mittel genommen haben. Ist die Wirkung vorbei, müssen wir feststellen, dass dieses Thema wieder mit seiner vollen Wucht neben uns, wenn nicht gar in uns steht.

Kommenlassen ist eine innere Haltung des Erlaubnisgebens: Das Thema, das wir eigentlich loslassen wollen, laden wir in unseren Bewusstseinsraum ein, und zwar vollständig. Vielleicht mit einem Interesse, es kennen lernen zu wollen. Ganz freundlich und ohne Widerstand. Es darf sich Raum nehmen, da sein, sich melden, sich fühlen lassen mit allem, was es mitbringt. Wir lassen alles an diesem Thema kommen. Dann ist es da.

Der zweite Schritt: Seinlassen

Hier ist eine innere Haltung gefragt, die mit einem Thema sein kann.

Es wird vorerst nicht bewertet. Wir sind weder zugeneigt noch abgeneigt, sondern lassen es so sein, wie es gerade ist, genau so. Was ist das Ding und wie heißt es? Was ist seine Bedrohlichkeit? Hat es mir etwas zu sagen? Ist es immer gleich oder ändert sich etwas daran, wenn es einfach nur da sein darf? Sehe ich die Grenze dieses Themas? Kann ich auch sehen, dass es um dieses Thema herum Raum gibt? Dass ich dieses Thema zwar habe, aber es nicht bin?

Manchmal verändert sich meine Sicht auf dieses Thema, durch das einfache Seinlassen. Es bekommt vielleicht neue Gesichter, die ich noch nicht kannte. Hat es wirklich diese Bedrohlichkeit? Gibt es andere Wege, damit umzugehen, außer ihm Widerstand entgegenzubringen? Wie fühlt es sich an, wenn ich es einfach mal so sein lasse? Es gibt vielleicht keine Lösung dafür, aber vielleicht finde ich einen Platz, wohin ich es für eine Weile stellen kann, damit es nicht meinen ganzen Bewusstseinsraum einnimmt.

Und erst jetzt kommt das Loslassen

Dies ist keine aktive Handlung. Es ist das Sichlösen von einem Thema. Es hört sich komisch an, aber manchmal wollen Dinge einfach nur Ihre Beachtung und Aufmerksamkeit und dann lassen die Themen *Sie* los. Vielleicht nicht sofort oder komplett, aber sie lockern ihre Eisenhand und Sie können etwas Erleichterung verspüren. Manche Themen brauchen das Versprechen, dass Sie sich zur gegebenen Zeit damit auseinandersetzen. Manchmal bedarf es noch einiger Zeit oder weiterer Informationen, bis Sie sich diesem Thema zuwenden können.

Aber zunächst geben Sie ihm einen Platz.

Und versäumen Sie es nicht, auch die Leichtigkeit zu spüren, wenn ein Thema kleiner geworden ist oder Sie verlassen hat.

In der thailändischen Sprache wird Loslassen mit *Bleu Waang* übersetzt. *Bleu* heißt lassen und *Waang* frei oder leer.

Also freilassen statt loslassen. Oder den geistigen Raum leer machen und leer halten, um sich auf die Stille des Zwischenraums zu beziehen.

Erlebnisräume

Man kann menschliches Erleben in Räume aufteilen. Dieses Gefühl „Ich bin" ist eine erlebte Tatsache. Ich schaue aus diesem Körper heraus und habe die Empfindung „Ich bin". Wenn ich aber sage, ich bin dieser Körper oder ich bin die Gedanken, Gefühle, Wahrnehmungen und so weiter, dann identifiziere ich mich mit etwas, das sich ständig wandelt. Genauso verhält es sich mit Sichtweisen wie: Ich bin schlau, ich bin reich, ich bin arm, ich bin dumm, gesund, krank und so weiter. Alle diese Zustände ändern sich auf Grund von Bedingungen ständig. Aber dieses erlebte Gefühl von „Ich bin" bleibt, solange wir in einem Wachzustand sind. Die Bezugnahme auf das „Ich bin" ist vergleichbar mit der Bezugnahme auf einen leeren Raum. Dafür gibt es Worte wie Bewusstsein, Gewahrsein, Bewusstseinsraum, Geist, Seele und noch andere Begriffe.

Ich möchte weiterhin das Wort Raum an dieser Stelle benutzen. Schauen wir uns in unseren Wohnungen um, sehen wir, dass leere Räume (Zimmer) meist mit Dingen gefüllt sind. Auf Grund der Einrichtung bekommen diese Zimmer ihre Namen.

So gibt es auch geistige Räume, die eine bestimmte Einrichtung haben. Ich nenne sie Erlebnisräume. Wir haben uns in ganz bestimmten geistigen Räumen eingerichtet.

Der depressive Mensch zum Beispiel hat sich im Raum der Depression eingerichtet. Dieser Raum ist gefüllt mit bestimmten Dingen oder Inhalten: Traurigkeit, geringes Selbstwertgefühl, Einsamkeit, Zurückgezogenheit, gefühlte Leere und so weiter.

Es gibt andere Erlebnisräume wie den der Freude, des Ärgers, der Liebe, den der Arbeitswelt, der Familie und viele andere. Wie wäre es, wenn ich diese Erlebnisräume besuchen und sie kennen lernen würde? Womit sind sie gefüllt? Welche Gedanken sind vorherrschend, welche Gefühle? Zu welchem Handeln und Verhalten veranlassen sie mich, wo gibt es Überschneidungen, Ähnlichkeiten und so weiter.

Kann ich den Erlebnisraum ‚Arbeit' schließen, wenn ich zu Hause angekommen bin? Kann ich den Raum des Ärgers verlassen, wenn das auslösende Erleben schon vorbei ist und mein Sohn mich durch die Mitteilung eines freudigen Ereignisses in den Raum der Mitfreude einlädt?

Wie lange hänge ich dem Erleben von vergangenen Ereignissen gedanklich und gefühlsmäßig nach? Worauf beziehe ich mich, wenn ich Erlebnisräume verlassen habe und in andere gehe? Wie wäre es, wenn ich mir einen Raum einrichten könnte? Zum Beispiel den der Freude. Wie würde er aussehen? Welche Farbe hätte er, welche Menschen würde ich hereinholen, welche nicht? Welche Musik, Gegenstände, welche Erlebnisse meines Lebens passen da hinein?

Wie würde der Raum des Ärgers aussehen? Was ist da drinnen? Da ist immer eine Spannung, eine Hitze, eine Kampfbereitschaft. In einer Ecke habe ich meine Waffenkammer. Das Schwert immer an meiner Seite. Aber natürlich auch eine Rüstung, um mich zu schützen. Vielleicht gibt es da noch ein kleines Zimmer in diesem Raum, das des Selbstärgers. Wie groß wäre das? Wo ärgere ich mich über mich selbst? Und all die anderen Räume, die es da gibt. Aber welcher davon bin ich wirklich?

Wie wäre es, wenn ich mich als Raum sehen könnte, der die Grundlage für all das ist? Als Raum, in dem die verschiedenen Dinge, Gefühle, Wahrnehmungen, Reaktionsweisen, Ansichten und Vorstellungen sind, der aber diese ‚Dinge' nicht ist?!

Es geht auch hier darum, die Haltung auf mein Erleben und die damit verbundene Bewertung zu wechseln. Wenn ein depressiver Mensch für eine Weile diesen Erlebnisraum bewusst verlassen könnte, würde er ein anderes Erleben haben und sehen, dass er diese Depression hat, sie aber nicht ist. Er könnte andere Räume besuchen, würde sein Erleben erweitern und den Raum der Dunkelheit für Momente verlassen. Aber leider ist es oft so, dass uns das Bekannte sehr vertraut ist und die Rollen, die wir da spielen, auch.

Die Angst ist oft zu groß, um sich in unbekanntes Erleben zu begeben. Hier brauchen wir eine Brücke. Diese Brücke sollte Angstfreiheit und Sicherheit geben. Die Qualität, die ich aber hier mitbringen muss, ist Vertrauen. Vertrauen in die Richtigkeit der Dinge, die mir das Leben präsentiert. Vertrauen da hinein, dass mir ‚eigentlich' nichts passieren kann. Hingabe an die Dinge, die ich gerade tue. Bezugnahme auf den gegenwärtigen Moment. Manchmal braucht es auch eine Bereitschaft zu sterben, jetzt, in diesem Moment.

Was gibt es Schlimmeres für die meisten Menschen, als zu sterben oder etwas Vertrautes aufzugeben? Wenn ich dazu bereit bin, kann dies zu einer großen Freiheit führen.

Es können sich Räume eröffnen, die erst spürbar werden, wenn ich andere Räume verlassen habe. Denn das Aufgeben oder Verlassen von Identitäten oder altem Verhalten fühlt sich oft an wie ein kleiner Tod. Wir können uns neuem Erleben erst wieder öffnen, wenn wir Altgewohntes verlassen haben. Manchmal sind es erst die schwierigen Lebenssituationen, die uns dazu den Anstoß geben.

Lebenskrisen bringen uns in Identitätskrisen, und die Fragen nach dem Sinn des Lebens werden neu gestellt. Ob es Antworten gibt, wer weiß das schon?

Ein Teil in uns beginnt mit Gott und der Welt zu hadern. Es kommen vielleicht Scham- und Schuldgefühle hoch wegen vermeintlichen Versagens. Sorgen und Ängste lassen den Blick in eine unbekannte Zukunft sehr düster aussehen. Selbstzweifel bringen mein Selbstbild ins Wanken. Ich werde knallhart mit meinem Bewertungssystem konfrontiert, bekomme gespiegelt, wie ich über andere denke oder dachte, die in ähnlichen Situationen waren oder sind.

Lebenskrisen sind auch ein Aufwachen aus einer Selbstgefälligkeit, in der man oft glaubte, dass einem ‚so etwas‘ nie passieren könnte. Ein gekündigter Job, eine zu Ende gehende Beziehung, eine geistige oder körperliche Erkrankung, oder was auch immer es sei. Auf alle Fälle lässt uns Unvorhersehbares aus dieser Selbstgefälligkeit aufwachen und verbindet uns wieder mit Geschehnissen, die das Leben auch für mich bereit hält. Ob diese Geschehnisse gut oder schlecht, heilsam oder unheilsam auf den ersten, zweiten oder dritten Blick sind, kommt wohl auf die Haltung an, die ich diesen Ereignissen gegenüber einnehme, und darauf, wie ich mit ihnen umgehe.

Hierzu eine Geschichte:

Ein Vater hatte einst einen Sohn, der ein wunderschönes Reitpferd besaß. Eines Tages lief ihm das Pferd davon und der Sohn war darüber sehr traurig. Doch sein Vater sagte nur: Ist es gut – ist es schlecht? Drei Tage später kam dieses Pferd zurück und brachte noch drei wilde Pferde mit. Darüber war der Sohn hocherfreut. Doch sein Vater sagte nur: Ist es gut – ist es schlecht? Eines der Wildpferde versuchte der Sohn zuzureiten, er wurde aber abgeworfen und brach sich ein Bein und darüber war der Sohn sehr traurig und ärgerlich. Doch sein Vater sagte nur: Ist es gut – ist es schlecht? Einige Tage später kam der König, um junge Männer in den bevorstehenden Krieg zu rufen. Da der Sohn ein gebrochenes Bein hatte, konnte er nicht eingezogen werden. Doch sein Vater sagte nur: Ist es gut – ist es schlecht …

Nun, diese Kette könnte man endlos weiterführen.

Die Moral der Geschichte ist offensichtlich. Ist es nicht oft so, dass wir mit manchen Lebensereignissen hadern und es anders haben wollen, als das Leben es uns gerade anbietet? Wie es gewesen wäre, wenn es so oder so oder noch ganz anders gekommen wäre, werden wir nie erfahren. Gedanklich gehen wir da in Vorstellungen und malen uns oft Dinge aus, von denen wir wirklich nie wissen können, ob sie so gekommen wären.

Diese Geschichte im Hinterkopf lässt das ewige Überlegen, Bedenken, Bereuen, Zweifeln und Hadern zur Ruhe kommen. Ich erlerne eine Akzeptanz den Ereignissen gegenüber, die mir das Leben präsentiert.

Wenn es auf der Straße mal wieder einen Stau gibt und Sie sich darüber ärgern: Woher wissen Sie eigentlich, ob er Sie nicht vor dem LKW bewahrte, der Ihnen an der nächsten Kurve die Vorfahrt genommen hätte?

Der Dialog der inneren Stimmen

Ajahn Man, ein thailändischer buddhistischer Mönch, sagte über den menschlichen Geist: „Die Natur des Geistes ist strahlender, als es irgendetwas sein könnte. Aber wegen der verschiedenen Herzenstrübungen wird er verdunkelt, getrübt und verliert so sein Strahlen. Wie die Sonne, deren Strahlen wegen Wolken nicht zu sehen ist".

Unser Bewusstsein vergleiche ich weiterhin mit einem leeren Raum, in dem die Qualität der Liebe ist. Wir lernen im

Laufe des Lebens, dass wir nicht oft in diesem Raum der Liebe, der Verbundenheit verweilen und dieses Strahlen erleben. Es gibt die verschiedenen Stimmen des Selbst, die diesen leeren Raum besuchen, unsere Aufmerksamkeit binden und unser Strahlen verdunkeln. Es sind verschiedene Gedanken und Gefühle, Reaktionen und geistige Zustände, die als Reaktion auf unsere Umwelt entstehen.

- Da sind der Ärger, die Wut und manchmal der Hass,
- die Gier, der Neid, die Eifersucht und das Übelwollen,
- die Angst, die Sorge und der Stress.

Dann gibt es Qualitäten, die mich mit dem Strahlen wieder verbinden können:

- die Freude, das Vertrauen, die Hingabe,
- die Freundlichkeit, das Mitgefühl, der Gleichmut,
- die Gelassenheit, die Mitfreude, die Liebe und die Weisheit.

Im noblen achtfachen Pfad des Buddha gibt es den Begriff: die „Rechte Anstrengung". Dieser besagt als Hinweis:

1. Unheilsame Anteile oder Qualitäten, die im Geist entstanden sind, zu erkennen und sich von ihnen zu befreien.
2. Heilsame Anteile oder Qualitäten im Geist aufsteigen zu lassen und sie zu entwickeln.

Es geht also nicht darum, wegzuschauen, sondern genau hinzuschauen und zu erkennen, welche Anteile oder Stimmen sich in meinem Geist gerade melden.

Aber welche Stimme davon bin ich eigentlich wirklich?

Kann ich auf eine dieser Stimmen zeigen und sagen: Das bin ich?!

Was erlebe ich im Alltag? Ich erlebe die Färbungen meines Gefühls von ‚Ich bin‘ durch diese verschiedenen Stimmen, je nach Situation. Manchmal bin ich oft erst im Nachhinein darüber überrascht, wie ich reagiert habe.

Dann komme ich zurück in den Raum, schaue von dort und wundere mich, über vieles.

Nach jeder Reise, auf die mich eine dieser Stimmen wieder mitgenommen hat, kann ich mich neu entscheiden, in welche Richtung ich meinen Bewusstseinsraum entwickeln und ausrichten möchte.

Das Wollen

"... es gibt nichts, was wert wäre, es zu sein,
zu haben oder zu werden..."

AJAHN BUDDHADASA

Eine Stimme ist die Kraft, die uns ständig in Bewegung hält: das Wollen. Es will alles, es will mehr, es will immer und ist nie satt. Ja, mal kurz ruht es sich aus, aber dann geht es weiter. Was es hat, will es verbessern oder vermehren, und es ist nie wirklich zufrieden. Es reicht nicht, und was es bekommt, ist nie genug. ‚Mehr' ist das Motto des Wollens.

Vielleicht kommen gerade Bilder, wo ich etwas anders haben wollte, als es das Leben mir anbot. Ich sehe meine Haltung der Enttäuschungen in Situationen aus der Vergangenheit und sehe, wie das Wollen mich antreibt, auch indirekt und unbewusst, und mich andere beschuldigen lässt, wenn es nicht das bekommt, was es will.

Ich stelle hier beruhigt fest: Es ist kein persönliches Problem.

Diese Feststellung lässt Raum entstehen.

Dieser Zwischenraum erlaubt es mir, auf dieses Wollen mit einer beobachtenden Haltung zu schauen. Und es fühlt sich so an, als ob aus dem Raum der inneren Weisheit ein Verstehen kommt: gütig, verständnisvoll, wissend, betrachtend, kühl, sehend, nicht verurteilend.

Nicht nur bei mir, sondern auch bei anderen.

Das Wollen nimmt mich mit zum neuen Erleben. Solange man kann und die Mittel dazu hat, ist es immer möglich, weiter zur nächsten Erfahrung zu gehen. Es ist leichter, dem Wollen zu folgen, als bei der Nicht-Erfüllung von Wünschen zu bleiben

Nicht erfüllte Erwartungen und das Festhalten an Vorstellungen, führen uns unweigerlich in die Enttäuschung und Frustration.

Angetrieben vom Wollen ist ein Empfangen nicht mehr möglich. Wollen ist immer in Bewegung, hin zum Objekt der Begierde, und so entsteht Zeit.

Und ist das Wollen nicht nur der Versuch, sich auf der Ebene der Sinnlichkeit mit etwas zu verbinden, um nicht eine gewisse existentielle Einsamkeit fühlen zu müssen?

Es ist die Sehnsucht nach Liebe, die mich antreibt, die Sehnsucht, in einer unbedingten Verbundenheit anzukommen, die auf den ersten Blick nicht spürbar, nicht erlebbar ist.

Auf der Ebene der Sinnlichkeit gibt es keinen Ausweg zu einem endgültigen Ankommen.

Und doch ist es genau die Sinnlichkeit, die mir kurzfristige Erleichterung verschafft.

Das ,Hängenbleiben' im sinnlichen Erleben ist eher wie eine ,Verdammnis zum ewigen Erlebenmüssen'. Einmal eingependelt auf dieser Ebene, werden die ,Inhalte' der Person, ihr Sein in der Welt, ihr Teilhaben an der Welt über die Art und Qualität der sinnlichen Erfahrungen zu ihrer Identität. Die Liebe bewegt sich nicht. Sie ist und hat nur sich selbst als Kennzeichen. Das Wollen reicht da nicht hin. Die Liebe bleibt, das Wollen geht. Wie sollten sie sich jemals treffen? Nicht verankert im Urgrund der Liebe, wird so die nächstliegende Möglichkeit genommen, um die Verbindung mit dem Da-Draußen zu spüren, eben über die Sinnlichkeit. Die schnelle Befriedigung, das Neue, es haben wollen, es spüren und dann, wenn man nicht weiter in die Tiefe geht, sondern hängen bleibt an der schnellen Befriedigung, wird auch die sinnlichste Erfahrung wegen ihrer vergänglichen Natur irgendwann alt und etwas schal.

Die Liebe genügt sich selbst.

Das Wollen ist immer auf der Suche, vielleicht nach der unbedingten Liebe, aber zweifellos nach einer Art Verbindung. Denn das Wollen verbindet den Wollenden mit dem Objekt seiner Begierde und ermöglicht so kurzfristiges Entspannen, Anhalten, zur Ruhe kommen, Stille. Dann muss es weiter gehen; denn im Raum der Sinnlichkeit gibt es kein langes Verweilen, nur kurz, dann geht die Suche weiter.

Man kann sich im Raum der Sinnlichkeit einrichten und darauf sein Sein begründen, seine Person und die dazugehörigen Identitäten zusammenstellen, sich darüber definieren und sich der Welt damit präsentieren. (Mein Haus, mein Auto, mein Beruf, meine Familie, mein Bankkonto …)

Und doch, tief drinnen, nicht immer, ab und zu, aber doch sehr nachdrücklich, ist eine tiefe Unzufriedenheit zu spüren, eine existentielle Unzufriedenheit. Sie sucht einen Ausweg und bleibt doch in der sinnlichen Erfahrung hängen, weil sie nicht weiß, wohin sie sich sonst wenden soll, um Erfüllung zu finden. Und dann gibt es manchmal diese Ahnung und dieses Erleben von einem tiefen, ruhenden Frieden, und es wird eine tiefe Sehnsucht danach spürbar, wenn das Wollen schweigt.

Ich schaue mich um und sehe uns alle als Freunde auf einer Lebensreise, höre die Mitteilungen meiner Freunde und Bekannten über ihr Erleben, die schönen, hellen, traurigen, dunklen, die besinnlichen und planenden, die erkenntnisreichen.

Ein guter Freund teilte mir neulich mit: „Ich stand am Fenster und erfreute mich einfach daran, wie es gerade war.

Ein Fluss zwischen Wiesen, ziehende Wolken am Himmel, kein gefühlter Mangel in irgendeine Richtung. Aber dann der kurze, schnelle Gedanke: Dass es noch schöner wäre, wenn die Bäume da draußen etwas grüner wären. Eigentlich ist alles gut, aber irgendwie könnte es noch besser sein."

Das Wollen aufgegeben.
Das Suchen aufgegeben.

Und dann bist Du wie der Wind,
der die Blätter zart bewegt.

Manchmal wie der Raum,
der die Dinge weit umfasst.

Manchmal wie ein Kuss,
der sich schon verabschiedet.

Manchmal wie ein Kelch,
der aufbewahrt und sonst nichts will.

Manchmal wie die Haut,
die einfach nur das Leben spürt.

Manchmal wie die Spinne,
die durch Verknüpfung Wege baut.

Manchmal wirst Du auch zum Vogel,
der den Käfig weit umfliegt.

Und dann ist da die tiefe Liebe,
die sich groß verschwenden will.

Der existentielle Minderwertigkeitskomplex

„Ich möchte keinem Club angehören,
der so Typen wie mich als Mitglied aufnehmen würde."

Groucho Marx

Eine andere Stimme nenne ich den existentiellen Minderwertigkeitskomplex.

Wir laufen mit ihm herum, gehen mit ihm schlafen und wachen mit ihm auf. Wir begegnen damit unseren Mitmenschen und begegnen damit uns selbst. Er ist wie ein Fluch, der uns im Zustand des Getrenntseins hält. Immer die Sehnsucht nach Verbundenheit im Herzen, versuchen wir, ihn nicht spüren zu müssen. Er zeigt sich, sobald wir uns mit anderen Menschen vergleichen. Durch dieses Vergleichen nehme ich eine wertende Haltung mir selbst und anderen gegenüber ein. Dann fühle ich mich besser oder schlechter, größer oder kleiner oder genauso wie die anderen und gebe mir so eine Position in diesem Gefüge.

Was vergleiche ich da eigentlich? Das, was ich habe, was ich darstelle, was ich ‚bin', was ich weiß, wie ich aussehe und vieles, vieles mehr.

Mit dieser selbsterschaffenen und von anderen bestätigten Identität laufe ich dann durch die Welt und verwende sie wie eine Schablone, die ich anlege, um mir selbst und anderen einen Wert oder Unwert zu geben.

Arroganz ist die gezeigte Stärke der Schwachen und auch nur ein Versuch, diese Minderwertigkeit nicht fühlen zu müssen.

Viele Menschen haben, je nach ihren früheren Erfahrungen, ein tiefes innewohnendes Gefühl, nicht liebenswert zu sein. Wurde Zuneigung ihnen doch nur allzu oft nicht freiwillig gegeben, sondern an Bedingungen geknüpft, die anderen gefielen.

Das hinterließ einen tiefen Eindruck.

Aus der Natürlichkeit und Verfügbarkeit der Liebe heraus geliebt zu werden, wäre die Haltung, die uns auf freudvolle Weise mit dem Leben und anderen Menschen verbindet, dieser große, weite Raum, in dem alle Unterschiede verschwinden und Kategorien wie Zuneigung oder Abneigung keinen Platz finden, ja, überhaupt keinen Sinn machen.

Das hört sich so groß an und so unbekannt, da wir diesen Raum selten erleben. Wir arrangieren uns mit dem kleinstmöglichen Leidenspotential und sind immer versucht, uns durch dieses Bewerten eine bestmögliche Position zu geben.

Wenn wir manche Menschen besonders achten und sie auf ein Podest heben und hoch ansiedeln, kann es passieren, dass wir sie idealisieren und zu Meistern, Gurus oder anderen Größen hochstilisieren, damit wir unsere eigene Minderwertigkeit nicht fühlen müssen. Somit ersparen wir uns, einen schon verlorenen Kampf zu kämpfen, weil der Verlierer ohnehin schon feststeht, wenn wir uns mit ihnen vergleichen.

Sobald wir bewertend vergleichen, fallen wir aus der Natürlichkeit des Seins heraus und verlassen den Raum der Liebe, den manchmal tief gefühlten Raum der Verbundenheit und Einheit, der Akzeptanz und Gegenwärtigkeit.

Was könnte eine Eiche zu einem Gänseblümchen sagen?

„Ich bin größer und dicker und höher als du."

Und das Gänseblümchen: „Ich bin kleiner und weißer und gelber als du."

Durch die Augen eines Zimmermannes gesehen, wegen des zu erwartenden Gewinnes, bekommt die Eiche ihren Wert für ihn.

In den Augen eines Kindes wächst das Gänseblümchen zu einer Schönheit heran, die nur das Kind selbst sieht.

Doch was würden Eiche und Gänseblümchen sagen, wenn sie nur für sich alleine sprechen? „Ich bin ich, und ich bin genau richtig so, wie ich bin! Ich kann nicht verglichen werden, denn ich bin einzigartig und ich bin ein Mitglied des Universums, genau wie du."

Aber sie können nicht sprechen und folgen beide ihrer eigenen Natürlichkeit.

Zeit

Begib dich in die Lücke zwischen Vergangenheit und Zukunft.
Was findest du da?

Die entwickelte Achtsamkeit lässt meinen Geist empfangsbereit werden für das, was ist.

Bin ich in meinem Leben im Hier oder meist woanders? Bei meinen Sorgen und Ängsten oder Wünschen, Träumen und Hoffnungen, die mich vom direkten Erleben des jeweiligen Augenblickes abhalten?

Wenn wir normalerweise über Zeit sprechen, ist es meist etwas Messbares, wie der Beginn und das Ende eines Ereignisses, einer Verabredung, eines Termins oder einer Reise.

Wir gehen gedanklich in die Vergangenheit oder die Zukunft, denken an Ereignisse, die schon waren oder erst noch kommen werden.

Auf einem der ersten Meditationskurse stellte sich mir die Frage: Wie lange dauert eigentlich ein Moment? Dieser eine Zeit-Moment, der nicht messbar zu sein scheint. Also blieb ich in diesem Moment und beobachtete, wie sich mein Geist gedanklich immer wieder von der Gegenwart verabschiedete und in die Vergangenheit oder Zukunft abschweifte. Da kam die Einsicht, dass Zeit etwas mit unserem Wollen zu tun hat. Es ist der Abstand oder Zwischenraum zwischen dem, der etwas will, und diesem Ding, das er noch nicht hat.

Dieser Abstand oder Zwischenraum ist Zeit, psychologische Zeit, der Zwischenraum zwischen dem Wünschenden und dem Objekt seiner Wünsche.

Unsere Wünsche bringen uns gedanklich immer zu dem, was wir noch nicht haben.

Wohin rennen wir eigentlich ständig? Zum nächsten Erleben!

Das ewige Wollen ist nie zufrieden mit dem, was ist. Das ist auch nicht seine Aufgabe.

Das Wollen will. Wenn es etwas hat, will es weiter und will mehr.

Ich muss da nicht mitgehen.

Wünsche lassen Zeit entstehen, psychologische Zeit. Das Wollen sucht sich immer Objekte, die nicht bei mir sind. Es transportiert mich immer in die Zukunft. Das ist der Ort oder die Zeit, die nie kommt. Nie passierte etwas in der Zukunft und auch unser eigenes Sterben wird nicht in der Zukunft geschehen. Es wird ein Hier-und-Jetzt-Erleben sein.

Verschiedene Übungen zur Meditation und Achtsamkeit können uns unterstützen, öfter in das Erleben dessen zu kommen, was jetzt gerade geschieht, und bewusster darin zu bleiben.

Der Alltag ist das Übungsfeld dafür:

Die Frage meines Kindes bewusst empfangen und nicht gleichzeitig zu telefonieren, frühstücken, ohne dabei Zeitung zu lesen. Essen zubereiten und nicht gleichzeitig über neue Projekte nachdenken. Mit dem sein, was IST!

In der formellen Meditation bringt man seinen Geist zur Ruhe, indem man ihn mit etwas verbindet, was jetzt stattfindet, zum Beispiel mit dem Atem.

Wir werden dann bewusst zum Empfänger all der Dinge, die gerade stattfinden: Geräusche, Temperatur, Körperempfindungen, Gedanken und Gefühle. Den gedanklichen Geschichten folgen wir nicht mehr, wir kehren immer wieder zum Atem zurück, unserem Anker für den gegenwärtigen Moment. So üben wir unseren Geist darin, aufmerksam zu bleiben. Warum das alles? Weil der gegenwärtige Moment die einzige Zeit ist, in der das Leben stattfindet.

Immer nur dieser eine Moment.

Ich erlebe das Leben intensiver mit einer so entwickelten Präsenz. Bin fühlbar, erlebbar in Kontakt mit mir selbst und anderen.

Der Raum der Sorgen und Ängste öffnet sich mit dieser Präsenz kaum mehr, und wenn doch, kann ich bewusster damit umgehen und ihn auch wieder schließen.

Wenn das Wollen schweigt, kann ein tiefer Friede erlebt werden, der die Ereignisse des gegenwärtigen Augenblicks zu ungeahnter Größe heranwachsen lassen kann.

Größe ist eine angemessene Bezeichnung dafür, denn dieser einzige Moment ist alles, was es gibt.

Jeder Moment fordert seine Aufgaben. Meist erfüllt das Leben die Anforderungen des gegenwärtigen Augenblicks. Wir brauchen uns ‚nur' in Hingabe an das Leben zu üben.

Das tun wir öfter, als es uns bewusst ist: Das Atmen, das Wetter, die Gravitation, der ganze Innenbereich unseres Körpers werden vom Leben gesteuert.

Wertschätzen wir die Dinge, die für uns so selbstverständlich geworden sind?

Auf die Frage also: ‚Wie lange dauert ein Moment?', kam die Antwort: ‚Immer und ewig.'

Halb voll oder halb leer?

Im Zen gibt es die Geschichte eines Meisters, der einen Schüler fragt, ob ein halbgefülltes Wasserglas halb leer oder halb voll ist.

Welche Antwort würden Sie geben?

Vielleicht enthält Ihre Antwort einen Hinweis darauf, mit welcher Haltung Sie auf die Dinge schauen. Sagen Sie, es ist halb leer, könnte man einen gefühlten Mangel in Ihrem Leben vermuten, obwohl Sie vielleicht alles haben, was Sie brauchen.

Brauchen ist nicht zu verwechseln mit Wollen. Schauen Sie eher auf das, was fehlt, als auf das, was Sie haben?

Die zweite Antwort ließe dementsprechend Ihre relative Zufriedenheit vermuten.

Als ich damals in Thailand lebte, stand auf einem Zettel in einer Hütte folgender Satz:

„Arm ist nicht der, der nichts hat, sondern der, der viel will."

Das korrespondiert in etwa mit der Frage des Zenmeisters.

Wenn ich auf mein Leben schaue: Ich bin sicherlich nicht reich; rein statistisch gesehen vielleicht sogar arm. Von meinem Erleben her habe ich aber meist das Gefühl, reich zu sein.

Was besitze ich?

Ich fange bei meinem Körper an. Er hat ein gewisses Alter und fühlt sich gesund an. Aber es drückt mal hier und zwickt mal dort. Die Zähne sind auch nicht mehr die besten, meine Haare sind schon etwas dünner geworden, aber im Großen und Ganzen ist er so, wie er ist, noch gut zu gebrauchen. Er ist meine Basisausstattung, um das Leben zu leben.

Ich schaue weiter: Habe ich irgendwelche belastenden Probleme in meinem Leben, jetzt gerade, in diesem Moment? Nein, da sind gerade keine. Wenn ich aber meinem Geist erlaube, in die Zukunft zu gehen, könnte er sich alle möglichen Ereignisse ausmalen, die man Probleme nennt.

Machen Sie einmal eine bewusste Zeitreise mit mir?

Transportieren Sie sich gedanklich in die Zukunft, sagen wir in eine Zeit, zwanzig Jahre weiter.

Wie alt sind Sie dann? In welchem familiären System leben Sie? Sind Sie schon im Altersheim, vielleicht schon tot?

Was ist mit Ihren Kindern? Führen sie ein zufriedenes Leben, haben Sie Kontakt mit ihnen?

Wie gesund sind Sie? Wie ist es um Ihre Altersversorgung bestellt?

Bemerken Sie, dass es für all diese Frage nur eine Antwort gibt: Ich weiß es nicht!

Gedanken gehen in alle Richtungen, lassen schnell Sorgen und Ängste entstehen.

Was für eine Zeitverschwendung!

Folgen wir diesen gewohnten Gedanken, übersehen wir leicht den Wert der Dinge, die jetzt bei uns sind.

• Ist das Glas halb voll oder ist es halb leer?

• Worin liegt mein persönlicher Reichtum, jetzt gerade?

Schauen Sie auf den Mangel, können Sie nicht gleichzeitig die Fülle sehen, all die Dinge, die so selbstverständlich geworden sind, dass Sie sie gar nicht mehr wertschätzen. Wie zum Beispiel Ihre relative Gesundheit. Dass Sie im Moment nicht mit einem baldigen Krieg rechnen müssen. Dass Sie Essen und Trinken, ein Dach über dem Kopf und Kleidung haben. Sie hält Sie nicht nur warm, sondern geht sogar mit der Mode der Zeit.

Schauen Sie auf Ihre Gesundheit. Auch wenn Sie eine kleine oder sogar große Krankheit haben, könnten Sie mit Ihrer Sicht daran hängen bleiben, dass etwas falsch daran ist und es anders sein müsste. Aber wir erfreuen uns hierzulande bester medizinischer Versorgung.

Schauen Sie auf das Gesicht Ihres Kindes, nicht nebenbei und flüchtig, sondern mit Achtsamkeit und der Wertschätzung dieses Wunders.

Welchen Sinn macht dieser Perspektivenwechsel und warum sollten Sie sich ab und zu daran erinnern? Um eine einseitige Sicht zu vermeiden und unter anderem die Dinge zu schätzen, die in Ihrem Leben gerade von Wert sind.

Kennen Sie das?

Es ist ein sonniger Nachmittag, Sie sind zufrieden, Ihr Lebensgefühl ist in Ordnung. Sie wohnen in einer ruhigen ländlichen Gegend. Kein Auto steht vor der Tür. Es ist Sonntag

Sie beißen genüsslich in ein Stückchen Schokolade. Sie zerschmilzt langsam in Ihrem Mund und findet doch tatsächlich dieses kleine Loch in Ihrem Zahn und die direkte Verbindung zum Zahnnerv!

Mir passierte das einmal, nachts, in einem kleinen Dorf im Vogelsberg.

Ich musste diese Schmerzen ertragen.

Ein Glas sehr kaltes Wasser intensivierte die Schmerzen noch. Jedoch vermittelte mir die Rückkehr des „Normalschmerzes" das kurzzeitig wohltuende Gefühl von einem Nachlassen des Schmerzes. Dann kam der Gedanke: ‚Ich wäre der glücklichste Mensch auf der Welt, wenn ich keine Zahnschmerzen hätte'.

Am nächsten Tag rettete mich der Zahnarzt. Der Zahnschmerz war weg und ein paar Tage später auch die Erinnerung an diesen Gedanken. Wie oft laufen wir in unserem Leben mit und wie oft ohne Zahnschmerzen herum?

Wenn ich keine Schmerzen habe, könnte ich spielerisch einmal die Perspektive wechseln: Welcher Wunsch würde jetzt entstehen, wenn ich Schmerzen hätte?

Eine Einladung, auf das zu schauen, was in meinem Leben wertvoll ist: auch die Abwesenheit von Dingen, wie zum Beispiel Schmerz.

Das Wertschätzen dieser Tatsache erlaubt einen neuen Blick auf Altgewohntes.

Was ist gerade wertvoll in meinem Leben? Manchmal sind es die kleinen Dinge, die wir als so selbstverständlich nehmen und leicht übersehen. Manchmal ist der Geist sehr gesammelt und im gegenwärtigen Moment verankert. Er ist dann ohne Gedanken an den nächsten Termin, ohne Gedanken an Ereignisse des Vortages oder Ereignisse, die heute oder morgen kommen werden.

Die Aufmerksamkeit ist ungeteilt. Der Spiegel des Gewahrseins ist nicht ‚zersplittert‘ und spiegelt genau das wider, was gerade stattfindet. Der Geist ist in diesem Moment frei von Mangel, Krankheit, Sorgen, Ängsten, Ärger und anderen gedanklichen Bewegungen.

Betrachten Sie in diesem Geisteszustand das Gesicht Ihres Kindes oder das eines anderen Menschen, der Ihnen vielleicht gerade beim Frühstück gegenübersitzt. Geben Sie dann dem Gegenüber die volle Präsenz, Ihre ungeteilte Aufmerksamkeit und die völlige Akzeptanz all dessen, wie er ist und was er ist.

Ein anderes Wort für Akzeptanz, Gegenwärtigkeit und Verbundenheit ist Liebe.

Sie ist ohne Leidenschaft oder Euphorie, sondern etwas Feines, Weiches, vielleicht selten Erlebtes, aber etwas ganz Natürliches.

Wie oft laufen wir aber direkt an unserem Glück vorbei? Zielgerichtet, mit einer bestimmten Vorstellung, wie etwas zu sein hat. Wir sehen nicht, was der gegenwärtige Moment gerade an Fülle, Glück und Reichtum anbietet. Es ist vielleicht nicht das, womit ich als Nächstes gerechnet hätte, und kann leicht übersehen werden. Es ist vielleicht ‚nur‘ der freundliche

Blick meines Kindes, die Tatsache meiner relativen Gesundheit oder, dass mein Kühlschrank ausreichend gefüllt ist, vielleicht ein Mensch, der mir gerade seine Freundschaft anbietet, oder die Sonne, die einfach nur scheint.

Hier noch eine Geschichte: Ich suche mein Glück

Ein Mann machte sich auf den Weg, um sein Glück zu finden. Es dauerte nicht lange, da kam er in einen Wald und hörte schon von weitem ein summendes Wimmern, das aus einem alten Baum kam. Es waren Bienen, die von einem großen Stein eingeschlossen waren, der ihren Ausgang versperrte.

Sie baten den Mann, ihnen zu helfen und den Stein einfach beiseite zu rollen.

Der Mann aber sagte: „Ich habe keine Zeit für sowas. Ich bin auf dem Weg, Glück und Reichtum zu finden, und kann meine Zeit nicht verschwenden", und er ging seines Weges. Nach einer Weile kam er an einen Fluss.

Als es über die kleine Brücke ging, hörte er ein Stöhnen und Husten. Ein Fisch im Wasser hatte einen Stein verschluckt und bat den Mann, ihn doch bitte an seiner Schwanzflosse zu nehmen, hochzuheben und etwas zu schütteln, damit er den Stein ausspucken könne.

Und abermals antwortete der Mann: „Ich habe keine Zeit für sowas. Ich bin auf dem Weg, Glück und Reichtum zu finden, und kann meine Zeit nicht verschwenden", und er ging seines Weges.

Nach einer Weile kam er hungrig und durstig in ein Dorf und setzte sich in ein Gasthaus.

Als er sein Mahl beendet hatte, sah er, dass sich auf dem Dorfplatz Menschen um einen Mann scharten, und er hörte immer wieder die Worte: „Glückspilz, welche ein Glück, welch ein Reichtum."

Er wurde neugierig, näherte sich der Menschenmenge und sah in der Mitte einen Mann stehen, der mit einer großen Menge Honig beladen war. In der Hand hielt er einen wertvollen Edelstein ...

Die acht weltlichen Bedingungen

... arm ist nicht der, der nichts hat,
sondern der, der viel will...

QUELLE UNBEKANNT

Die Lehre Buddhas zentriert sich in erster Linie um die Tatsache des menschlichen Leidens und einen Weg, der aus dem Leiden herausführt. Ein weiterer zentraler Punkt ist *Tanha*, auf Deutsch, Verlangen, Wollen und Wünschen oder: Habenwollen, Seinwollen und Werdenwollen. Mit unseren Absichten verfolgen wir bestimmte Ziele. Buddha benannte acht weltliche Resultate, mit denen die Welt reagiert, und die wir uns erhoffen:

Hier die vier gegensätzlichen Paare:
1. Lob und Tadel
2. Gewinn und Verlust
3. Freude und Leid
4. Ehre und Verachtung

Sobald wir eine menschliche Form angenommen haben, betreten wir ‚die Bühne der Welt'.

Mit unseren fünf körperlichen Sinnen, den Augen, der Nase, den Ohren, dem Geschmack, den körperlichen Empfindungen und dem geistigen Sinn des Denkens, kommen wir mit der

Welt in Kontakt. Wir handeln durch unseren Körper und unsere Sprache. Den meisten Handlungen liegt eine bewusste oder unbewusste Absicht zugrunde. Auf die Dinge, die wir tun oder sagen, reagiert unserer Umwelt. Entweder sie sagt ja, nein, oder irgendetwas dazwischen, wo das Ja oder Nein noch nicht deutlich definiert ist. Natürlicherweise streben wir eine positive Reaktion an und wollen eine negative vermeiden. Wenn es gut läuft, bekommen wir für unser Tun in vielfältigen Formen Lob, Gewinn, Freude und Ehre. Wir lernen schnell und wissen irgendwann, was von der Welt geschätzt, belohnt und angenommen wird. Wir werden versucht sein, diese Zustände, so oft es geht, zu reproduzieren.

Meine buddhistischen Lehrer wiesen darauf hin, dass es wichtig ist, die Absichten unseres Tuns so gut wie möglich zu erkennen. Gewisse Lebenssituationen erfordern Entscheidungen. Diese werden auf Grund einer bestimmen Sachlage, persönlicher Vorlieben, aber auch aus Ängsten, Sorgen, Gier, Ärger, Mitgefühl, Freundlichkeit und anderen Entscheidungsquellen getroffen.

Es wurde einmal gefragt, wie wir denn die ‚Dinge‘ am besten machen sollten. Die Antwort darauf war: aufgrund der Erfüllung einer bestimmten Aufgabe in einem gegenwärtigen Moment. Als Beispiel dafür können wir auf unseren Körper schauen. All die Organe haben eine bestimmte Aufgabe zu erfüllen. Sie stecken morgens etwas in Ihren Mund und haben es spätestens nach dem Hinunterschlucken vergessen. Aber dann beginnt erst die Arbeit der dazu bestimmten Organe. Alles wird so verarbeitet, wie es eben von den Organen vorgesehen ist. Sie arbeiten in einem gesunden Körper wunderbar zusammen. Sie erfüllen ihre Aufgabe mit den entsprechenden Anfordernissen. Kein Organ fragt nach besonderer Anerkennung für seine Arbeit und nimmt Kritik nicht an. Das Ergebnis spricht einfach für sich, ohne dass es dafür besonderer Beachtung bedarf.

Verrichten wir unsere Aufgaben aus der notwendigen Erfüllung in einem gegebenen Moment, stellt sich der Erfolg so oder so ein. In „Erfolg" steckt das Wort folgen. Ergebnisse folgen bestimmten Handlungen, durch Worte oder Taten. Allerdings kennen wir die Reaktionen der Welt darauf. Es sind Lob und Tadel, Gewinn und Verlust, Freude und Leid, Ehre und Verachtung. Wir werden nicht umhinkommen, diese verschiedenen Qualitäten erleben zu müssen. Doch wo verankere ich hier meinen Standpunkt und die Bewertung meines Handelns? Schaue ich in erster Linie auf die Reaktionen meiner Mitmenschen oder auf das Tun und die Erfüllung selbst? Inwieweit habe ich mich schon abhängig gemacht von Lob, Gewinn, Freude, Ehre? Wie gehe ich mit Tadel, Verlust, Leid und Verachtung um? Was tue ich nicht alles, um genau das zu vermeiden? Niemand strebt diese zuletzt genannten Qualitäten an. Wir kommen jedoch nicht umhin, auch diese zu erleben.

Zur Zeit Buddhas besuchte ein Mann drei verschiedene Mönche, um Fragen beantwortet zu bekommen. Der eine Mönch saß in tiefer Meditation und sagte nichts. Der andere gab ihm kurze Antworten. Der dritte Mönch erklärte ihm alles sehr ausführlich. Unzufrieden mit allen dreien begab sich der Mann zum Buddha und beschwerte sich. Buddha antwortete: „Schon alt ist dieses Atula, und nicht bloß heute ist es so: Man tadelt den, der schweigsam sitzt, man tadelt den Gesprächigen. Ja, selbst den, der angemessen spricht. Ohne Tadel ist man nirgendwo." (Dhammapada, Vers 227)

Manchmal geben Sie Ihr Bestes und werden dafür kritisiert. Sie verlieren an Ansehen oder werden sogar verachtet. Unsere guten Absichten und unser guter Wille sind nicht die einzigen Kräfte, die da wirken, um Erfolg zu haben. Erfolg ist abhängig von vielen anderen Bedingungen, auf die Sie keinen direkten Einfluss haben

Der einzige ‚Ort', der Ihnen hier Sicherheit gibt, ist die Qualität Ihrer Absichten.

Den Rest können Sie dann an das Wirken anderer Kräfte abgeben.

Absichtsloses Bemühen
schult die Hingabe.
In ihr ist alles erlaubt.
Denn Ehrlichkeit
schwingt leise mit dem Gesetz.
Abgestoßene Hörner,
wunde Stirn.
Die Sinnlichkeit sucht einen Ausweg,
aber sie findet nur das.
Es ist leicht.

Selbsterfüllendes Tun

Das Ziel jeder Handlung,
erfüllt sich immer in dem Moment,
wenn wir sie tun.

Gedanken und Gefühle bewegen ständig diesen geistigen Raum. Sie bringen uns weg von dem, was gerade ist, besonders im Alltag mit den verschiedenen Beanspruchungen.

Aber genau hier ist der Ort, wo wir üben können, mit dem zu sein, was ist.

Der Geist mag all seine Gewohnheiten, weil sie ihm Sicherheit geben, aber gleichzeitig fühlt er sich gelangweilt von den sich wiederholenden Dingen und Handlungen.

Nach einer Autofahrt kommen Sie irgendwo an und fragen sich vielleicht: ‚Wie bin ich eigentlich hierhergekommen‘? Offensichtlich haben Sie alles richtig gemacht. Jede Ampel beachtet, an Kreuzungen gehalten, die Geschwindigkeit, mehr oder weniger, eingehalten, und eine Beule ist auch nicht zu sehen.

Sie haben aber nur noch wenige Erinnerungen an die Autofahrt. Wissen nicht, welches Auto neben Ihnen hielt, ob es in der Straße Bäume gab, Fahrradfahrer unterwegs waren und so weiter. Auch bei anderen Routinehandlungen stellen Sie Ähnliches fest: Das Essen steht auf dem Tisch, doch während Sie es zubereiteten, waren Sie gedanklich irgendwo anders.

Eine Betrachtung, die ich für nützlich halte, um Achtsamkeit im Alltag zu entwickeln, ist mit diesem Satz beschrieben:

Das Ziel jeder Handlung
erfüllt sich immer in dem Moment,
wenn wir sie tun.

Ein Griff zu Ihrer Tasse erfüllt sich selbst, eine Ausatmung, ein Lächeln, vom Stuhl aufstehen, ein Blick aus dem Fenster, ein Biss in den Apfel.

In dem Moment, in dem Sie etwas tun, erfüllt sich das Ziel dieser Handlung gerade selbst.

Halten Sie die Achtsamkeit eine Weile bei dieser Übung, werden Sie feststellen, dass Ihr Geist gut in der Gegenwart bleiben kann. Nach einer Weile des Übens merken Sie: Ich brauche hier kein Ziel. Das Ziel ist immer nur diese eine Handlung. Die Funktion jeder Handlung reiht sich harmonisch in den Fluss des Lebens ein und dort übernehmen andere, unterstützende Kräfte.

Im Zen gibt es den Satz: *Der Weg ist das Ziel.*

Das, was ich gerade tue, ist das Ziel an sich. Sie atmen ein und stellen fest, diese Einatmung erfüllt sich jetzt gerade selbst, den Rest machen die Lungen. Sie beißen in einen Apfel und stellen gedanklich fest, dieser Biss erfüllt sich gerade selbst. Sie schlucken das Gekaute hinunter und hier übernehmen andere Organe den Weitertransport.

Kleine, momentane Bewegungen: das Heben der Hand, die Bewegungen der Finger. In jedem Moment erfüllt sich dieses ‚Tun' gerade selbst. Ohne Ziel, ohne Zukunft, einfach nur so.

Es kann sein, dass der Verstand damit nicht zufrieden ist. Gewohnt, zu planen, zu wünschen, zu kontrollieren, zu erreichen und zu verstehen, kann er mit dieser Art zu sein nicht wirklich etwas anfangen, das ist nicht sein Bereich.

Es melden sich vielleicht Persönlichkeitsanteile, die da sagen: Ja aber …

Der ‚Kontrolleur' wird Angst bekommen, seine Kontrolle zu verlieren.

Der ‚Perfektionist' wird sich einmischen, um etwas perfekt zu machen.

Irgendeine andere Stimme sagt vielleicht: So ein Blödsinn.

Der ‚Zweifler' wird zweifeln, dreifeln oder vierfeln und der Verstand wird weiterhin versuchen, in seine gewohnte Bahn zurückzufinden.

Es melden sich auch andere Anteile unserer Persönlichkeit, wie Vertrauen, Hingabe und Weisheit. Sie geben uns Gewissheit, dass es ausreicht, nur das zu tun, was zu tun ist, und wir alles andere vertrauensvoll an das Leben abgeben können.

Ihr Geist wird sich an diesen Zuständen des Friedens und der Angstfreiheit erfreuen und im Raum der Stille immer öfter verweilen wollen.

Das Ende von etwas

„Was die Natur des Entstehens hat,
hat auch die Natur des Vergehens."

BUDDHA

Wir ersehnen angenehme Erfahrungen und erfreuen uns an ihnen. Unangenehme Erfahrungen wollen wir nicht erleben müssen.

Ein Kennzeichen beider Erfahrungen ist, dass sie einen Anfang, einen Mittelteil und ein Ende haben. Ein immerwährendes Gesetz.

An solchen Gesetzen können wir nichts verändern, jedoch an unserer Haltung.

Es ist entscheidend, den Dingen Erlaubnis zu geben, ihrem natürlichen Weg zu folgen.

Verweigern wir diese Erlaubnis, bleiben wir irgendwo hängen, mit einer Sehnsucht nach etwas, das uns gerade verlässt oder sicherlich verlassen wird.

Eine ähnliche Übung wäre, am Anfang schon das Ende zu sehen und sich das wirklich zu verdeutlichen: Ja, diese Mahlzeit wird in einigen Minuten gegessen sein, dieser liebe Mensch wird in ein paar Tagen wieder abgereist, dieses Feuer bald verloschen und diese Blume schnell verblüht sein.

Vielleicht stellt sich eine gewisse Traurigkeit ein, wenn dieser immerwährende Abschied von etwas gefühlt wird.

Wir begreifen eine Grundwahrheit unserer Existenz.

Wenn unsere innere Weisheit diese Tatsachen akzeptiert, lernen wir die Ereignisse neu kennen und den gegenwärtigen Moment in seiner ganzen Einzigartigkeit zu schätzen.

Erinnern wir uns an die Unbeständigkeit, können wir immer besser Erlaubnis geben, wenn der Moment des Endes, des Abschieds gekommen ist.

Ein so geübter Geist wird auf das ‚Ende von etwas‘ vorbereitet sein.

Auch der großen ‚Sprung‘, der Sterben und Tod genannt wird, kann mit Weisheit und einem tiefen Verständnis empfangen werden. Dann müssen wir anhalten und werden zum Empfänger unserer ganzen Vergangenheit. Was ist unsere Vergangenheit?

Es sind die zahlreichen Dinge, die wir getan, gedacht oder gesagt haben. Es sind die Erinnerungen an die angenehmen und unangenehmen Situationen unseres Lebens und an die Rollen, die wir darin spielten.

Die spirituelle Wiedergeburt

Die Frage westlicher Schüler, ob es im Buddhismus einen Gott gibt, beantwortete Ajahn Buddhadasa mit ja und erklärte: „Wenn wir nach einem Gott suchen, sollten wir die Gefühle als Gott bezeichnen, denn die Gefühle haben die Macht, alles zum Entstehen zu bringen und alles zu vernichten." Das Staunen war groß über diese Antwort.

Es gibt drei Arten von Gefühlen:

Zugeneigt, abgeneigt und ein Zwischenzustand, der noch nicht weiß, ob er abgeneigt oder zugeneigt ist. Manchmal wird er auch als neutrales Gefühl bezeichnet.

Jedes dieser drei benannten Gefühle hat natürlich eine große Spannweite. Das zugeneigte Gefühl beispielsweise kann von leichter Freude bis hin zur höchsten Ekstase reichen mit vielfachen Nuancen dazwischen. Gefühle entstehen nicht aus sich selbst heraus, sondern auf Grund von Bedingungen. Gefühle sind immer eine Reaktion auf etwas.

Die zwingende Voraussetzung für Gefühle ist der *Kontakt*. Als menschliches Wesen sind wir ausgestattet mit einem Körper und der Fähigkeit, mit der Welt in Kontakt zu treten. Das geschieht mit unseren fünf körperlichen Sinnen und dem geistigen Sinn. Wir haben die Fähigkeit, zu sehen, zu hören, zu riechen, zu schmecken und zu berühren auf der körperlichen Ebene und können uns erinnern, uns etwas vorstellen, es bedenken auf der geistigen Ebene. Auch dieser Kontakt des Denkens lässt Gefühle entstehen.

Die körperlichen Sinne sind unsere Empfangstore oder Eingangstüren, die uns mit den Dingen ‚dadraußen' in Kontakt kommen lassen. Eine geistige Qualität ‚hier drinnen' empfängt, benennt, organisiert, prozessiert und verarbeitet diese empfangenen Dinge in bestimmter Art und Weise.

Sobald Sie Kontakt mit einem sinnlichen Objekt haben, entsteht sofort ein Gefühl. Dies kann angenehm, unangenehm oder neutral sein oder Sie in einen geistigen Zustand bringen, wo Sie noch nicht wissen, ob dieses ‚Ding' angenehm oder unangenehm ist.

Diesen Zustand nennt man auch Zweifel.

Um es kurz zusammenzufassen:

Als Mensch geboren sind wir ausgestattet mit einem Körper, den fünf Empfangstoren und einer geistigen Qualität, die ich hier Bewusstsein nenne.

Mit dieser Ausstattung betreten wir die Bühne des Lebens und der Welt.

Wir kommen gar nicht umhin, Kontakt zu haben. Aufgrund des Kontaktes entstehen unsere Gefühle. Gefühle sind also bedingt durch Kontakt entstanden.

Aufgrund der Gefühle entstehen unsere Wünsche.

Die Voraussetzung für unsere Wünsche, unser Wollen, sind die Gefühle.

Wenn zum Beispiel etwas ein angenehmes Gefühl auslöst, möchten wir es haben, damit zusammen sein, es erleben und es besitzen. Wenn etwas ein unangenehmes Gefühl auslöst, wollen wir es loswerden, dagegen ankämpfen, uns davon abwenden oder am besten erst gar nicht haben.

Intensiviert sich dieses Wollen und wir haften daran an, dann kommen wir ins Agieren, Reagieren, ins Handeln, ins Tun. Unser Bewusstseinsraum wird in diesem Moment unseres Lebens von dem Thema dieses Handelns ganz eingenommen sein. Diese Thematik bestimmt in diesem Moment unser Leben, unser Lebensgefühl, unsere Sichtweisen.

Man kann hier von einer *Geburt* in einen bestimmten Bewusstseinszustand sprechen:

Sie sehen zum Beispiel einen geliebten Menschen. (*Kontakt*).

Ein *Gefühl* von Freundlichkeit und Zuneigung entsteht in Ihnen.

Daraufhin entsteht der *Wunsch,* dies zu zeigen.

Dieser Wunsch *intensiviert sich* und Sie kommen ins Handeln und sagen zum Beispiel: „Ich freue mich sehr, dich zu sehen."

Dieses Sein und Erleben bestimmt in diesem Moment Ihr Leben, Ihre *Existenz,* und Sie erleben eine spirituelle *Geburt* als ein ‚freundlicher Mensch'.

Plötzlich klingelt das Telefon. Auf der anderen Seite hören Sie die Stimme ihres Ex-Ehemannes, der sie darüber informiert, dass er die Unterhaltsleistungen für die gemeinsamen Kinder nicht mehr zahlen will.

Was passiert hier?

Augenblicklich vergeht das Freundliche, weil ein neuer *Kontakt,* das Hören der Stimme vernommen wird. Das Gehörte wird verstanden und löst ein unangenehmes *Gefühl* aus. Das Gefühl lässt den *Wunsch* entstehen, sich zu wehren. Dieser Wunsch *intensiviert sich* und Sie beginnen zu argumentieren.

Nach dem Gespräch rufen Sie Ihren Anwalt an. Alles, was da dran hängt, bestimmt in diesem Moment Ihre *Existenz,* färbt sie und lässt alle weiteren Gedanken, Gefühle und Reaktionsweisen entstehen.

Es kommt hier zur *Geburt* der Kämpferin, des Opfers, das sich ausgeliefert fühlt, je nachdem, wie Ihre Persönlichkeitsanteile darauf reagieren.

Aber auch hier können wir nicht verweilen, denn alles, was auf Grund von Bedingungen entsteht, vergeht auch wieder auf Grund von Bedingungen.

Und schon wieder geht das Telefon. Auf der anderen Seite hören Sie die Stimme einer lieben Freundin, die Sie gerne zum Mittagessen einladen möchte.

Wer oder was stirbt, und wer oder was wird geboren?

Diesen Prozess nannte Buddha das ‚Gesetz der Bedingten Entstehung‘.

Der Vollständigkeit halber muss erwähnt werden, dass dieses Gesetz aus zwölf Punkten oder Stationen besteht, ich aber hier nur die erlebbaren und praktisch nachvollziehbaren neun Punkte aufliste:

Wir haben einen Körper und Bewusstsein.

Der ist ausgestattet mit fünf körperlichen Sinnestoren und einem geistigen Sinn.

Damit treten wir in *Kontakt* mit der Welt.

Auf Grund des Kontaktes entstehen *die Gefühle.*

Auf Grund der Gefühle entstehen *die Wünsche* oder das *Wollen.*

Intensiviert sich das Wollen, *haften wir an* dem Objekt des Wollens an.

Unsere Lebenssituation, unsere *Existenz*, wird davon gerade ganz ausgefüllt.

Ich erlebe eine spirituelle *Geburt*.

Durch einen neuen Kontakt kommt es zum ‚*Tod*' der vorhergehenden Identität.

Dann dreht sich das Rad wieder weiter und es beginnt von vorne.

Dieser Prozess läuft am Tag mehrere hundert Mal ab, ohne dass wir es wirklich registrieren.

Es geht einfach zu schnell. Was wir mitbekommen, ist manchmal diese trübe Laune oder eine unerklärliche Ängstlichkeit, Stressgefühle, Freude oder eine spürbare Zufriedenheit. Dann wieder ein starker Ärger und die unheilsamen Gedanken, die damit einhergehen, und vieles mehr.

Aber ganz egal, was es auch ist, seien Sie versichert, dass jeder Bewusstseinszustand mit den verschiedenen Färbungen und Qualitäten bedingt entstanden ist und am Anfang immer der Kontakt mit ‚etwas' stand.

Sie können im Moment des Kontaktes darauf achten, welches Gefühl sich da auf den Weg macht, um Ihren Bewusstseinsraum zu ‚färben'. Geben Sie dem Gefühl den entsprechenden Namen.

Wenn das Gefühl schon da ist, versuchen Sie herauszufinden, welcher Kontakt es hervorgerufen hat und welche Wünsche sich darauf aufbauen.

Wenn sich die Wünsche schon festgesetzt und intensiviert haben, stellen Sie die Gedanken und Gefühle, Meinungen und Bewertungen fest, die mit der darauf folgenden ‚spirituellen Geburt' einhergehen.

Ist es nicht spannend zu erleben, wie Sie täglich mehrere Male sterben und wiedergeboren werden?

Ajahn Buddhadasa bestand darauf, dass dieses Rad nicht mehr anzuhalten ist, wenn sich die Gefühle schon bis zur Anhaftung entwickelt haben. Weiterhin sagte er, dass es möglich, aber äußerst schwierig ist, nur den Kontakt zu erleben, ohne dass sich daraufhin Gefühle entwickeln.

Wenn die wache Achtsamkeit die Gefühle wahrnimmt und ihnen nicht erlaubt, sich bis zum Wollen weiterzuentwickeln, können wir dieses Rad von Wiedergeburt und Tod an dieser Stelle anhalten.

Beim Kontakt und den Gefühlen hält der spirituelle Krieger, die spirituelle Amazone ihre Achtsamkeit wach.

Die spirituelle Depression

„Trostlos sind alle Erscheinungen, und nicht lustvoll.
Wie ein Schluck unfrischer Wahrheit."

Die Ursachen depressiver Erkrankungen und Angststörungen sind sehr komplex und haben viele, oft nicht verstandene oder nachvollziehbare Ursachen. Ich möchte hier eine Form der Depression betrachten, die ich als spirituelle Depression bezeichnen möchte.

Meist in der dunklen Jahreszeit werden Menschen vom depressiven Erleben erfasst. Sie erleben eine Niedergeschlagenheit, die einen Rückzug von der Welt, von anderen Menschen, von sich selbst, ja, von allem Schönen zur Folge hat.

Begleitet ist dieser Zustand oft von Gedanken an eine düstere Zukunft. Ängste und Sorgen entstehen. Gedanken an die Vergangenheit sind oft gefärbt von Schuld und Reue.

Es entsteht das Gefühl, etwas versäumt zu haben und das

Versäumte nie mehr nachholen zu können. Im Vergleich zu anderen Menschen fühlt sich der Depressive klein und unwert. Wenn die Kraft noch da ist, werden die anderen beneidet. Sie fühlen sich nicht mehr fähig, in der gewohnten Form am Leben teilzuhaben. Ein Gefühl von Mangel und Verlust stellt sich ein, weil das ‚verloren‘ wurde, was das Leben einst lebenswert machte, nämlich die Freude am Leben und seinen Erscheinungen. Es gibt nichts Schönes mehr. Eine Rose ist dann zum Beispiel einfach nur eine Blume. Spaß und Freude bringende Aktivitäten verlieren ihren Wert und Reiz. Menschen möchte man sich nicht mehr zeigen, weil die Ebene der gewohnten Kommunikation und die Themen, die da besprochen werden, nicht mehr fühlbar sind. Sie interessieren einen einfach nicht mehr, und dafür schämt man sich.

Es kommt zum Rückzug. Der Verstand ist irritiert und möchte die Welt weiterhin in der „normalen" Weise betrachten können. Doch alle Bemühungen, wieder in die sogenannte normale Sichtweise über die Welt zu gelangen, schlagen fehl. Menschen, die sich in diesem Zustand befinden, haben das Gefühl von Verlust. Es macht sich eine dunkle Wolke der Hoffnungslosigkeit und Ernüchterung in ihnen breit.

Der menschliche Verstand bekommt Angst im depressiven Erleben. Das gewohnte Bild, auf die Dinge des Lebens zu schauen, hat sich verändert. Die angenehmen Gefühle wollen sich nicht mehr einstellen. Manchmal stellen sich noch nicht einmal unangenehme Gefühle ein. Eine große, dunkle, weite Leere umhüllt sie.

Man betritt das „dunkle Tal der Seele".

Manche depressiven Menschen berichteten später, dass sie in diesem Zustand einen zwar ernüchterten, aber realistischen Blick auf die Dinge hatten. Sie sahen die Welt in ihrer Nacktheit, ohne ihr etwas anzudichten. Weiterhin sahen sie wahrheitsgemäßer als sogenannte Normale. Wahrheitsgemäßer in dem Sinne, dass sie das ehemals erlebte und gefühlte Schöne als ‚nicht-schön' erleben und somit die Dinge eher so sahen, wie sie sind. Sie können diese Erfahrung aber nicht einordnen und nicht verstehen.

Bei genauerer, nüchterner' Betrachtung sehen wir: ‚Schön' ist nur eine Zugabe und eine Interpretation des Erlebten, ‚hässlich' auch; denn die Dinge sind einfach nur SO.

Ein Wort, das diese nüchterne Sichtweise beschreibt, lautet: *Tathātā* oder Soheit.

Das erste Mal kam ich mit dem Zustand der Ernüchterung 1998 deutlich in Kontakt. Zu dieser Zeit suchte ich einen Meditationslehrer in Sri Lanka auf, den Ehrenwerten Lokhuhamdru Pemasiri, der als einer der ‚letzten Dinosaurier' der Meditationsmeister bekannt war. Er akzeptierte mich als Schüler und lehrte mich das Meditationssystem von Vipassana.

Neben stundenlangen Meditationssitzungen unter seiner Anleitung und zwei Interviews am Tag über meine Meditation erläuterte er dieses Meditationssystem im Detail.

Ich hatte ein Zimmer im Internationalen Meditationszentrum in Colombo. Wenn ich aus dem Fenster schaute, sah ich diesen großen, schönen, wunderbaren Bodhibaum. Unter ihm wuchsen Blumen in schönen Farben, und all die exotischen Pflanzen ließen mich immer leicht in Verzückung geraten, wenn ich morgens aus dem Fenster schaute. Das Essen schmeckte immer sehr gut und man hatte die Wahl zwischen verschiedenen Speisen, die man in seine Essensschale legen konnte.

Es passierte an einem Morgen im Mai, nachdem ich schon zwei Monate auf diese intensive Weise meditierte. Ich schaute aus dem Fenster und begann ganz gewohnheitsmäßig diesen Baum und die schönen Blumen zu bewundern. Plötzlich bemerkte ich, dass ich die Schönheit nicht mehr in mir fühlen konnte. Worte wie schön, wunderbar und toll fühlte ich nicht mehr in mir, sie waren total sinnentleert.

Nach der Morgenmeditation ging die Glocke, die alle Mönche zum Essen rief. Es war Sonntag, und an diesem Tag gab es immer ein ganz besonderes Essen und sogar Vanilleeis zum Nachtisch. Ich legte die Speisen in meine Schale und begann zu essen. Der erste Löffel, den ich in meinen Mund schob, war von einem inneren Erschrecken begleitet. Das Essen schmeckte nicht mehr gut und angenehm, sondern es fühlte sich an wie eine Masse klebriger Pappe, die ich jetzt im Mund zerkauen und runterschlucken musste. Ich schmeckte nur süß, sauer, salzig, scharf, saftig. Die Gefühle wie gut, angenehm, schmackhaft, lecker, die mich sonst begleiteten, wollten sich einfach nicht einstellen. Ich bemerkte aber das Feste, das weniger Feste, das Flüssige und Luftige an der Nahrung und es wurde deutlich, warum ich essen musste. Ich erkannte die Elemente der Nahrung in aller Nüchternheit und aß genau so viel, bis ich das Sättigungsgefühl erreicht hatte. Auch das Vanilleeis war nur eine klebrige, süße Masse, wovon ich nur einen Löffel nahm.

Ich schaute auf meine Mitmönche und sah nur Körper dasitzen.

Nach dem Mahl reinigte ich meine Schale und empfand beim Betrachten des mir so lieben Baumes, der Blumen und anderer Pflanzen und Menschen keine Gefühle.

Ich sah nur noch die Elemente, aus denen alles zusammengefügt war.

Mein Lehrer sah das und ließ mich zu sich rufen.

Er wollte wissen, was passierte, und nachdem ich es ihm mitgeteilt und er mir noch einige prüfende Fragen gestellte hatte, war er irgendwie zufrieden mit meinem Bericht und sagte nur: *Nibbidanana*, der Zustand der Ernüchterung.

Dieser Zustand der Ernüchterung hielt drei oder vier lange Tage an.

Ich hatte viel darüber gelesen, aber wie das mit ‚Kochbüchern' so ist: Es schmeckt immer anders, als es beschrieben wird. Ich erkannte, dass ich gerade die Symptome einer klassischen Depression erlebt hatte.

Aber dank der Anbindung an ein meditatives System, eine spirituelle Ausrichtung und einen weisen Lehrer konnte ich das Erlebte verstehen, einordnen und anerkennen.

Im Nachhinein konnte ich mich sogar voller Dankbarkeit darüber freuen, weil sich mir der Raum der Weisheit zeigte.

Depression, ein Schlüssel zur Weisheit?

Es gibt Freude und Glück in unserem Leben, aber sie sind gebunden an Ereignisse, deren Natur die Unbeständigkeit ist. Vergehen das Schöne und Angenehme, vergehen auch die Freude und das Glück. Alle sinnlichen Gefühle, die wir erleben können, sind gebunden an Ereignisse, die entstehen, verweilen und wieder vergehen. Wir können nichts in unserem Leben stabil und sicher machen. Das ist eine Grundwahrheit unserer Existenz. Doch unser Bemühen ist meist auf Sicherheit und Stabilität ausgerichtet. Was tun wir nicht alles, um unser Leben schön und angenehm zu machen? Dagegen ist ja auch nichts einzuwenden!

Aber irgendwann kommen Krankheit, Tod und Verlust auch in mein Leben. Es gibt kein Wesen, das davon verschont bleibt.

Buddha rät nicht zu einer negativen Sicht auf die Welt, aber auch nicht zu einer positiven, sondern zu einer realistischen, angemessenen Sicht.

Der Verlust der gewohnten Sichtweise auf die Dinge des Lebens wird im Zustand der Depression als Mangel und Unfähigkeit erlebt und der Zustand der Ernüchterung als unangenehm und nicht lebenswert.

Wenn wir also auf die Dinge dieser Welt schauen, dann sind sie einfach nur, wie sie sind.

Alle Attribute wie schön, hässlich, gut und schlecht sind unsere Interpretationen und Bewertungen, die wir diesen Dingen andichten.

Oder warum sind wir nicht alle gleicher Meinung und gleichen Geschmacks über irgendetwas?

Diese Erfahrung der Ernüchterung wird pathologisiert, ist aber nach buddhistischer Sicht ein Akt unserer inneren Weisheit, so ungewohnt es für den darin ungeübten Menschen auch sein mag und wie paradox es sich auch anhören mag.

'Gedanken sind immer alt', sagt Krishnamurti, denn Gedanken schöpfen aus einem Fundus der erlebten Vergangenheit, und wir verknüpfen sie zu Gebilden und schaffen uns so eine Welt der Vorstellung und Interpretation. Und die können in alle Richtungen gehen, alle.

Das Geheimnis liegt im Jetzt und der Bezugnahme darauf; denn alle auf die Zukunft gerichteten Gedanken können einfach nur Geschichten gestalten und erfinden.

Ich glaube, dass eine uns innewohnende Instanz besonders im Herbst fühlt, dass es so etwas wie Unbeständigkeit, Wandel und Vergänglichkeit gibt.

Dann kommen Fragen nach dem Sinn. Und da das Gesetz der Unbeständigkeit immer am Wirken ist und uns alle Sicherheiten nimmt, entsteht Angst.

Menschen, die sich in einer sogenannten Depression befinden, fühlen sich krank und unwert, weil sie glauben, mit ihnen stimme etwas nicht.

Aber vielleicht öffnet sich da ein noch unbekannter Raum der Weisheit in ihnen, der Unterstützung braucht, um sich weiter öffnen zu können!

Diese realistische, ernüchterte Sicht lädt dazu ein, zu schauen was IST, das heißt, in die Soheit der Dinge zu schauen.

Vipassana und die Erkenntnisstufen

Vipassana heißt „klares Sehen."

In dem Meditations-System von Vipassana gibt es verschiedene Erkenntnisstufen, die auf den ersten Blick nichts mit Freude, Glück und Angenehmem zu tun haben.

Erkenntnisse sind Reaktionen der inneren Weisheit auf die Welt. In diesem Meditationssystem gilt der Zustand der Ernüchterung als eine Erkenntnisstufe und ist eine angemessene Reaktion auf die Erscheinungen dieser Welt.

Das Praktizieren dieses Meditationssystems führt den Übenden durch bestimmte Erkenntnisstufen, wobei der Zustand der Ernüchterung nicht als ein Versagen oder als unerwünschter Geisteszustand betrachtet wird, sondern als eine wichtige Erkenntnis.

Kurz gesagt geht es hier darum, die Erscheinungen dieser Welt zu verstehen und zu durchdringen.

Bezeichnenderweise bedeutet unser Wort „Welt" in der Pali-Sprache *Loka*: das Ding, das ständig auseinanderbricht.

Es gilt zu erkennen, dass es einen Unterschied zwischen Geist und Materie gibt. Dass in der bedingten Welt nichts aus sich selbst heraus oder alleine existieren kann, sondern bedingt ist durch viele andere Faktoren. Weiterhin gibt es ständige Veränderungen und mir kann jederzeit alles genommen werden. Daraus folgt, dass Angst und Schrecken entstehen können und die Erkenntnis, dass es immer leidvoll sein wird, früher oder später, wenn ich an den Dingen der Welt anhafte und nicht mit dem Fluss des Lebens gehe, also Veränderungen akzeptierend annehme.

Der sich einstellende Zustand der Ernüchterung mündet in der Einsicht: Ich kann mich eigentlich auf nichts verlassen.

Der Wunsch nach Freiheit entsteht, der Wunsch nach meinem wirklichen Zuhause.

Der Geist akzeptiert irgendwann diese Tatsachen und die Dinge werden mit Gleichmut und Gelassenheit so gesehen, wie sie sind.

Das Meditations-System lässt uns mit diesen Erkenntnissen aber nicht im Regen stehen, sondern geht weiter. Werden diese Erkenntnisprozesse erlebt, ist der Verstand in die Ecke getrieben mit seinen Erklärungsversuchen. Halt und Sicherheit kann er in der vergänglichen Welt nicht finden. Der Geist möchte zurück in die gewohnte Sichtweise, aber Begriffe wie schön und hässlich passen einfach nicht mehr. Nach einer Weile werden diese Erkenntnisse verstanden, auch mit den unterstützenden Erklärungen eines Lehrers.

Habe ich sie ganz integriert, kommt irgendwann ein Teil der vertrauten Sichtweisen zurück: Ich erfreue mich wieder an einer schönen Blume und dem Sonnenuntergang, aber mit einer erneuerten Haltung.

Die Erkenntnisstufe des Gleichmuts

Werden diese Tatsachen der Existenz wirklich von einem klaren Verständnis durchdrungen, entsteht eine Akzeptanz und ein Annehmen.

Der Geist hört auf zu kämpfen. Er gibt sich dem Fluss des Lebens und seiner Ereignisse hin in dem Moment, wenn sie geschehen, dem Jetzt.

Er kämpft nicht mehr gegen das Gesetz der Vergänglichkeit an.

Verluste, Krankheiten, Alter und der Tod werden dann nicht mehr als persönliches Versagen gesehen, sondern als eine nicht zu ändernde Tatsache des Lebens.

Es wird immer noch Trauer empfunden, wenn ein lieber Mensch stirbt, aber die Weisheit sieht auch das als ein Ereignis, das entsteht, verweilt, vergeht und zum Leben dazugehört.

Aus buddhistischer Sicht ist der nüchterne Blick auf die Welt ein Akt der Weisheit.

Depressionen entstehen oft, wenn die Jahreszeiten wechseln, besonders im Herbst und Frühling. Wird uns hier nicht deutlich gezeigt, dass all die Blätter und Blumen ohne Bestand sind und sterben müssen?

Wird hier nicht etwas erlebt und gesehen, was sich auf alles bezieht, auch auf uns Menschen? Ist es folglich nicht angemessen, in diesem Zustand am Sinn unseres Seins zu zweifeln? An dem, was wir haben, was wir glauben zu sein, und an all den Bemühungen, die wir in diesem Leben auf uns nehmen?

Es wird uns doch eines Tages alles genommen werden, sogar unser Leben!

Aus der Weisheit, die erkennt, dass die Dinge SO sind und nicht anders, entwickelt sich Gleichmut, der den Ereignissen der Welt mit Gelassenheit begegnet.

Gleichmut darf nicht mit Gleichgültigkeit verwechselt werden!

Ein Mensch, der mit gleichmütiger Haltung auf die Ereignisse des Lebens schaut, erfüllt seine Aufgaben und erledigt seine Pflichten. Er isst und kleidet sich und kümmert sich um andere. Er geht zum Arzt, wenn er krank ist, oder macht das Frühstück für seine Kinder. Er erfreut sich an den schönen Blumen im Garten und an dem wunderbaren Sonnenuntergang. Aber er leidet nicht, wenn die Blumen verblühen und die Sonne schon lange untergegangen ist.

Die sich zum Gleichmut dazugesellende Weisheit weiß eben, dass die Dinge SO sind: unbeständig, nicht zu halten, vergänglich und niemandem gehörend. Ich kann sie im Moment des ‚Damitseins' genießen, aber leide nicht, wenn der Moment des Abschieds gekommen ist und sie gehen gelassen werden müssen.

Durch wiederholtes Betrachten dieser Tatsachen wendet

sich der Geist nach innen, erfährt seine Klarheit und offene Weite bis zu dem Punkt, den der Buddha die „Todlosigkeit" oder *Nirvana* nannte.

Wenn der Geist im Jetzt angekommen ist, sieht er vielleicht das erste Mal die wirkliche Schönheit und das Wunder dieses Lebens.

Mit Weisheit ausgestattet, kann er alles seiner eigenen Natürlichkeit überlassen, auch dann, wenn uns ‚etwas' verlässt.

Abschied nehmen

schon heute,
um das wertzuschätzen,
was uns noch bleibt:
an Zeit,
Verbundenheit,
Freude, Liebe
und Vertrauen.

Der Wind
weht durch die Bäume,
bringt Blätter zum Rascheln
und geht wieder.
Ein Hauch im Jetzt
verbunden
mit der Unendlichkeit.

Leben, Sterben und Tod

Die Geschichte des Buddhismus beginnt mit Siddhartha Gautama, dem späteren Buddha, und seiner Begegnung mit den sogenannten vier himmlischen Botschaftern.

Er begegnete einem kranken, einem alten, einem toten Menschen und einem Asketen.

Er erkannte, dass auch er selbst eines Tages durch diese Stadien Alter, Krankheit und Tod wandern muss. In ihm kam der Wunsch auf, einen Bereich der Freiheit zu finden, den er später Nirvana oder die Todlosigkeit nannte.

Die Betrachtung über das Sterben und den Tod hat Buddha als eine der wichtigsten Betrachtungen in den Vordergrund gestellt. Sie ist gleichzeitig die Betrachtung über die Vergänglichkeit, eines der Daseinskennzeichen aller Existenz.

In diesem Leben ist nichts sicher. Dinge entstehen, verweilen für einen Augenblick und vergehen wieder. Dieser Prozess ist nicht immer offensichtlich, zumal unsere Sinneswahrnehmungen beschränkt sind und die ständigen Veränderungen, die zum Beispiel in unserem Körper vor sich gehen, nicht immer wahrgenommen werden können. Aber nicht nur der Körper verändert sich ständig, auch unsere Gefühle, Gedanken, Wahrnehmungen und sonstige geistige Prozesse. Genau betrachtet, gibt es in dieser bedingten Welt nur ständige Veränderung. Es hört sich an wie eine Binsenweisheit. Alles ändert sich ständig, nichts bleibt, wie es ist. Geburt und Tod sind die beiden Pole, zwischen denen sich das abspielt, was wir Leben nennen. Ein ständiger Prozess von Veränderungen, von Wechsel, Wandel, Unstabilität und Unsicherheit. Altern ist kein Ereignis, das plötzlich eintritt, sondern es ist eine Entwicklung, eine Hinentwicklung auf den Tod.

Obwohl wir das Gefühl haben, dass diese Dinge in der Zeit geschehen, gibt es doch immer nur den gegenwärtigen Augenblick, und nur der ist erlebbar. Vergangenheit und Zukunft sind Zeiten, die nur mit den Gedanken berührt werden können.

Das Leben findet immer nur in einem, in diesem Moment statt!

Es ist garantiert, dass letztendlich niemand in der Zukunft sterben wird, dieses Ereignis wird sich in einem jetzigen Moment zutragen.

Konventionell gesehen sprechen wir von der Zukunft und dem uns sicheren Tod.

Wenn wir also akzeptieren können, dass auf körperlicher und geistiger Ebene sich immer wandelnde Prozesse abspielen, und das beginnt schon bei der Geburt, können wir uns fragen: Wann fängt das Sterben eigentlich an, das dann schließlich im Tod endet?

Nach buddhistischer Sichtweise ist der Tod nicht das absolute Ende eines Wesens, sondern es verbleibt eine geistige Qualität, eine Kraft oder Energie, wie auch immer wir das bezeichnen wollen. Aufgrund der gewirkten Handlungen der Vergangenheit wird eine angemessene, entsprechende neue Form in einem der verschiedenen Daseinsbereiche angenommen.

Buddha sagt, dass das Leben ein Strom von Karma ist, was übersetzt werden kann als ein Strom von absichtsvoll gewirkten Handlungen. Diese Handlungen lassen gewisse Resultate entstehen.

Auf eine einfache Formel gebracht, kann man sagen: Absichtsvoll gewirkte heilsame Handlungen ziehen heilsame Resultate nach sich, unheilsame Handlungen ziehen unheilsame Resultate nach sich. Die Betonung liegt auf *Absicht*, die vor unseren Handlungen liegt.

Wenn wir durch unseren Körper, unsere Sprache oder unseren Geist handeln, wird eine geistige Qualität diese Handlungen antreiben. Einerseits handeln wir aufgrund der sogenannten Herzenstrübungen wie Gier, Hass, Verblendung und so weiter, andererseits haben wir aber auch Qualitäten wie Liebe, Mitgefühl, Geduld, Großzügigkeit, Freundlichkeit in uns.

„Alle Wesen sind die Eigner ihrer Handlungen.

Ihre Taten sind die Geburtsstätte, aus der sie entspringen.

Mit ihren Taten sind sie verbunden.

Ihre Taten sind ihre Zuflucht.

Was immer sie tun, ob Gutes oder Schlechtes,

dessen Erbe werden sie sein."

BUDDHA

Unser Leben ist also ein Strom von Handlungen, die durch verschiedene heilsame oder unheilsame Eigenschaften angetrieben werden.

Wir wissen, die Qualität unseres Lebens hängt von der Qualität unserer absichtsvoll ausgeführten Handlungen ab. Wir akzeptieren, dass der Tod kein isoliertes Ereignis ist, sondern etwas, das genauso zum Leben gehört wie die Geburt.

Können wir dann nicht auch sagen, dass die Qualität unseres Todes von der Qualität unseres Lebens abhängt?

Was passiert im Moment des Sterbens?

In dem Buch: „Buddhistische Betrachtungen über den Tod" von V.F. Gunaratna, bezieht sich der Autor auf das Abhidhamma, eine Textsammlung der buddhistischen Psychologie, wo von den verschiedenen Stufen des Sterbeprozesses gesprochen wird.

Es wird gesagt, dass der körperliche und geistige Zustand eines Menschen im Moment des Sterbens so schwach ist, dass die Kraft zur bewussten Kontrolle der eigenen Gedanken fehlt, was uns ja auch schon im Leben, wenn wir noch gesund sind, sehr schwerfällt.

Wir werden im Prozess des Sterbens unseren Erinnerungen ausgeliefert sein, dem Bewusstwerden unseres Handelns in verschiedenen Lebenssituationen.

Allerdings wird sich im letzten Moment des Lebens ein besonderer, letzter Gedanke an die Schwelle des Bewusstseins drängen.

1. Es kann der Gedanke an eine stark beeindruckende Handlung sein, die im Geist in Erinnerung gerufen wird, etwas, was wir nur einmal gemacht haben. Vielleicht haben wir das Leben eines Menschen gerettet und erinnern uns daran. Aber vielleicht haben wir auch jemanden das Leben genommen, und auch daran erinnern wir uns dann.

2. Weiterhin kann der letzte Gedanke in Form eines Symbols im Geist zum Entstehen kommen. Dieses Symbol ist vielleicht die helfende Hand, mit der wir jemanden unterstützt haben, und wir verstehen in diesem Moment die Bedeutung dieses Symbols.

3. Oder aber es zeigt sich als letzter Gedanke ein Bild von dem ‚Ort‘ unseres kommenden Existenzbereiches.

In den meisten Fällen werden *die* Handlungen zum letzten aktiven Gedanken, die wir in unserem Leben gewohnheitsmäßig ausgeführt haben, mit denen wir uns am meisten identifizierten.

Aber es ist auch möglich, dass die wichtigste oder schwerwiegendste Handlung, die ein Mensch ausführte, zum letzten

Gedanken wird. Oder aber eine Handlung, die kurz vor dem Tod ausgeführt wurde.

In buddhistischen Ländern ist es eine Form der Sterbebegleitung, dem sterbenden Menschen zu ermöglichen, nochmal Gutes zu tun. Die damit verbundene Freude beeinflusst den Geist des Sterbenden. Er wird an die heilsamen Dinge erinnert, die er in seinem Leben gewirkt und erlebt hat. Falls noch ungelöste Probleme im Raume stehen, wird die Möglichkeit genutzt, sich für gewisse Dinge zu entschuldigen und anderen Menschen zu vergeben.

Es werden gewisse Texte rezitiert, die den Sterbenden an gute, heilsame Dinge denken lassen.

Sein Bewusstsein soll die Möglichkeit haben, so mit einem letzten heilsamen Gedanken erfüllt zu sein, der die Grundlage für den nächsten Daseinsbereich sein wird.

Der Tod ist eine sichere Sache, die eines Tages eintreten wird, und doch gibt es in Bezug auf fünf Dinge keine Sicherheit, wie es in der *Visuddhimagga* steht: die Lebensdauer, die Krankheit, der Sterbeort, die Art des Todes und der Daseinsweg.

Das sind fünf Dinge, die man nicht erkennen kann, da sie ohne Anzeichen sind.

Im Buddhismus wird der Tod nicht tabuisiert, sondern als ein wichtiges Kontemplationsobjekt gesehen. Man macht sich klar, dass er jeden Tag eintreten kann und man nicht erst alt werden muss, bevor er eintritt.

Aus diesem Grunde ist es auch angeraten, sich öfters mal die Frage zu stellen:

Was müsste ich noch tun, wenn ich in einem Monat sterben müsste?

Da der Sterbeprozess die komprimierte Form des Lebens

ist, sollten wir unser Leben mit Achtsamkeit leben und unsere Absichten genau erforschen.

Wir müssen nicht bis zum Sterben warten, um Unharmonien in unserem Leben zu erkennen und aufzulösen.

Bei wem müsste ich mich entschuldigen, wem müsste ich verzeihen, und was hindert mich daran, das zu tun?

Da gibt es einen Menschen, der immer bei uns ist, unser Leben begleitet und auch unseren Tod, das sind wir selbst. Auf uns selbst müssen wir am besten aufpassen!

Das hat mit Egoismus gar nichts zu tun. Wir begleiten uns selbst durch unser Leben, auch beim Sterben und im Tod.

Buddha sagte: „Wer sich selbst beschützt, beschützt andere. Wer andere beschützt, beschützt sich selbst."

Eine Sterbebegleiterin, Bronnie Ware, hat in ihrer langjährigen Erfahrung mit Sterbenden von ihnen immer wieder folgende bereuenden Sätze gehört:

1. „Ich hätte gerne den Mut gehabt, mein eigenes Leben zu leben – und mich nicht von den Erwartungen anderer leiten lassen.»
2. „Ich hätte nicht so hart arbeiten dürfen.»
3. „Ich hätte den Mut haben sollen, meine Gefühle auszudrücken.»
4. „Ich hätte mit meinen Freunden in Kontakt bleiben sollen.»
5. „Ich hätte mir mehr Glück und Zufriedenheit gönnen sollen.»

Wir können nur dann anderen Menschen helfen, wenn wir uns selbst zu einem gewissen Grade geholfen haben. Ab einem ganz bestimmten Augenblick werden wir, auch bei noch so viel Zuwendung und Hilfe von außen, alleine durch den Tod gehen müssen.

Wir sollten im Leben nicht vergessen, dass der Tod auf uns wartet und dass wir alle in diesem gleichen Boot sitzen.

Vielleicht bringt uns das einander näher, vielleicht werden mein Stolz und meine Arroganz, die ja trennende Faktoren sind, durch diese Betrachtung etwas abgeschwächt.

Bin ich denn nicht nur arrogant und stolz, geizig und gierig wegen solcher Dinge, die sich ständig wandeln und irgendwann einmal vergehen müssen?

Materielle Dinge, Ruhm, Ehre, Macht oder einfach mein Persönlichkeitsbild, all diese Dinge müssen wir hinter uns lassen, aber geistige Qualitäten werden unsere Begleiter sein, je nachdem, in welche Richtung wir sie entwickelt haben.

Qualitäten wie Liebe und Mitgefühl, Großzügigkeit, die Fähigkeit, helfen zu können, sind die Faktoren, die uns Menschen verbinden.

Ein Mensch, so wird gesagt, der sich bemüht hat, diese Qualitäten zu entwickeln, fürchtet den Tod nicht, sondern heißt ihn willkommen: mit Weisheit und dem Verständnis, dass die Dinge so sind, wie sie sind, und dass wir zwar etwas Einfluss haben, aber letztendlich keine Kontrolle, und wir uns dem natürlichen Prozess des Todes vertrauensvoll hingeben und überlassen können. Jeder mit dem Vertrauen, in die Dinge, die er für sich selbst als wahr anerkannt hat.

Wenn wir irgendwann auf unserem Sterbebett liegend zurückschauen, waren alle Dinge, die geschahen und die wir erlebt haben, einfach nur ,Geschichten'.

Im Moment des Todes können wir vielleicht sagen: „Oh Tod, wo ist dein Stachel?"

Die Existenzebenen der buddhistischen Mythologie

Auch Götter müssen sterben.

In der Zeit vor seiner „Befreiung", auch „Erleuchtung" genannt, lernte Buddha die verschiedenen Meditationssysteme seiner Zeit kennen. Seine Lehrer hatten durch Meditationstechniken hohe Stufen geistiger Konzentration erreicht und beglückende Bewusstseinszustände erfahren. Dennoch erkannte Buddha: Auch diese Zustände sind weder vollkommen noch dauerhaft, auch sie sind an Bedingungen gebunden.

„Alles, was auf Grund von Bedingungen zum Entstehen gekommen ist, muss auch wieder vergehen", diese Erkenntnis ist ein Kernsatz der buddhistischen Lehre.

Buddha konnte keinen Vorteil darin erkennen, eine göttliche Existenz oder sonst eine Existenz anzustreben. Er sah die verschiedenen Daseinsbereiche, in denen Wesen geboren werden, betonte aber gleichzeitig, kein Wesen könne sich in einem dieser Daseinsbereiche für immer aufhalten. Auch Götter müssen sterben – und die Reise geht weiter…

Wohin? In den nächsten Existenzbereich, in den nächsten Bewusstseinszustand.

Wesen gleicher oder ähnlicher Bewusstseinsqualitäten werden in der buddhistischen Mythologie als Gruppe einer ‚Daseinsform' zusammengefasst und verschiedenen ‚Existenzebenen' zugeordnet. Ihnen gemeinsam ist eine bestimmte „Körperform" und ein entsprechendes Lebensgefühl.

Es gibt Existenzebenen der Götter und der feinstofflichen Wesen, dann Existenzebenen der Tiere, der hungrigen Geister, der zornigen Götter und der Höllenbereich.

Der menschliche Daseinsbereich nimmt eine Zwischenform ein. Als Mensch kann man alle Existenzebenen erfahren. Die menschliche Form ist gekennzeichnet von der Möglichkeit, sowohl leidvolle als auch freudvolle und glückliche Erfahrungen zu machen. Wir Menschen können Kräfte erkennen, die in uns wirken. Wir sind mit der Fähigkeit ausgestattet, zu reflektieren und zu entscheiden.

Wir können Vertrauen, Kraft, Achtsamkeit, Konzentration und Weisheit entwickeln.

Der Bewusstseinsraum ist der Ort, in dem sich Erfahrungen abspielen:

Wenn Qualitäten wie Freude, Glück, Gleichmut, Mitfreude, Mitgefühl und Liebe vorherrschen, ist der Bewusstseinsraum gefüllt mit den Qualitäten feinstofflicher Wesen und Götter.

Herrschen Geiz, Neid, Gier und Missgunst, ist er gefüllt mit den Qualitäten eines hungrigen Geistes.

Dominieren Zorn, Wut und Kampfbereitschaft, so steht die Qualität einer zornigen Gottheit im Vordergrund.

Bestimmen Gier, Angst, Unwissenheit und Instinkte das Handeln, wird dies dem Bewusstseinsraum eines Tieres zugeordnet.

Im Bereich der Höllenwesen werden Qual und Leid unerträglich ohne die Hoffnung auf ein absehbares Ende.

Das zu glauben, sind wir hier nicht aufgefordert.

Wir können diese Geschichten über Götter und Existenzbereiche im Bereich der Mythologien belassen. Was wir aber nachvollziehen und erleben können, sind diese verschiedenen Bewusstseinszustände. Manchmal fühlen wir die Qualitäten, die Göttern und feinstofflichen Wesen zugeschrieben werden, manchmal die der Tiere, der hungrigen Geister, der zornigen Götter oder der Höllenwesen.

So geht es weiter und weiter. Ein Kreislauf von ‚Geburt und Tod‘ der verschiedenen gefühlten Bewusstseinszustände und Ich-Identitäten. Wir können entscheiden, welchen Kräften und Qualitäten wir Raum geben wollen und welchen nicht.

Wer bin ich nun in diesem ‚Spiel‘ der sich abwechselnden Bewusstseinszustände?

Ein Teil unserer wahrnehmenden Bewusstheit, ich nenne ihn Verstand, hat eine Sehnsucht nach Sicherheit und Voraussagbarkeit der Ereignisse. Dieser Verstand hat ein Bedürfnis nach Kontrolle, möchte sich einen Bewusstheitsraum schaffen, in dem alles überschaubar, kalkulierbar und erkennbar ist. Er identifiziert sich mit seinen Bewusstseinsinhalten und sagt dann: Ich bin das, was ich da habe, fühle, denke, kenne und erlebe.

Der Verstand richtet sich also auf ein gewisses Erfahrungsniveau ein und lässt andere Erfahrung oft nicht mehr zu. Taucht Unbekanntes, ‚Neues‘, auf, wird es vielleicht verdrängt oder abgewertet. Somit bleibt die bekannte, vertraute Identität erhalten.

Irgendwann erreichen sie uns vielleicht doch, diese Erlebnisse, diese unbekannten und erstaunlichen, ‚seltsamen‘ Gedanken und Gefühle. Plötzlich blinken sie auf als ein Bild, das ich nicht einordnen kann. Neue Reaktionsweisen kommen in mir auf.

Meine feste Meinung, die ich gestern noch hatte, wird von einer neuen Gewissheit abgelöst. Da ist sie plötzlich, diese Liebe zu jemand, den ich vorher eigentlich gar nicht mochte.

Ich sehe mich und andere auf einmal ganz neu.

Dieses ‚Neue‘ bringt den Verstand in einen Zustand der Unsicherheit und Angst. Unser Herz aber trägt eine tiefe Sehnsucht nach Stille, Frieden und Verbundenheit in sich. In uns gibt es eine große Kraft. Sie will sich nicht beschränken, sie möchte fließen, explodieren und manchmal ganz still sein. Sie möchte sich verbinden und verschmelzen, manchmal nach außen gehen und manchmal ganz tief nach innen. Sie möchte nichts ausgrenzen und fühlt ihre nicht benennbare Größe und Kraft.

Wir finden all diese archetypischen Kräfte in uns:

- den schutzgebenden Erwachsenen, aber auch das bedürftige Kind,
- den Herrscher über die Welt und gleichzeitig den Sklaven anderer,
- Götter und Engel und manchmal Tiere und Höllenwesen.

All diese Stimmen unseres ‚Selbst' haben wir in uns. Wir sind all das. Alles. Oder sind wir nichts von alle dem?

„Wir sind nicht Menschen,
die eine spirituelle Erfahrung machen,
sondern spirituelle Wesen,
die gerade eine menschliche Erfahrung machen."

WILLIGIS JÄGER, BENEDIKTINERMÖNCH

Dieser Satz hat mich tief berührt und bestätigt meine Vermutung.

Ich sehe hier eine ‚Eingangstür' und eine ‚Ausgangstür'. Bleibt die Frage: Wer geht durch diese Türen? Beziehen wir uns auf diesen einen erlebbaren Moment, können wir mit etwas Übung feststellen, dass wir nirgendwohin gehen.

Nehmen wir Bezug auf diesen Erlebnisraum, ändern wir die Perspektive und können feststellen, dass Ereignisse immer kommen und wieder gehen. Der empfangsbereite Bewusstseinsraum füllt und leert sich immer wieder. Es ist vergleichbar mit einem Spiegel.

Ein Spiegel ist immer leer. Erst wenn Dinge und Menschen sich davor platzieren, werden sie reflektiert. Gehen sie, ist der Spiegel wieder leer.

Die Dinge nicht festzuhalten, sie ihrer eigenen Natur gemäß kommen und wieder gehen zu lassen, ist eine Kernaussage der buddhistischen Lehre.

Unsere menschliche Natur hat jedoch die Tendenz, die angenehmen Dinge halten und die unangenehmen gar nicht erst haben zu wollen. Der Verstand mit seiner selbst erschaffenen Identität, von der Umwelt bestätigt und manchmal sogar gefordert, hat ein großes Problem damit. Sich mit den Dingen identifizierend, versucht er vergeblich, sie zu halten.

Die offene, leere Weite des Bewusstseinsraumes ist dem Verstand zunächst noch unvertraut, unbekannt und somit bedrohlich.

Hat er jedoch einmal Geschmack daran gefunden, wird er neugierig auf dieses ‚Mehr‘. Das Herz des ‚spirituellen Forschers‘ erwacht, geweckt vom Ruf der Freiheit. Freiheit, die nichts verspricht, außer der Freiheit von allem, was messbar wäre. Es ist der Beginn einer Reise, von der die großen Weisen dieser Welt erzählen. Sie zeigen und beschreiben ihre Wege und Erfahrungen auf ihre Art. Manche haben Methoden und Übungssysteme entwickelt. Einige teilten ihre großartigen Lehren, manche formulierten nur einzelne Sätze. Einige wurden zu Begründern großer Religionen. Andere erklären die Dinge dieser Welt, indem sie sich einfach nur hinstellen und mit dem Finger auf ihren Kopf deuten, auf den Raum, aus dem wir schauen…

Meines Erachtens zeigen sie alle auf diese große Freiheit, die keine persönliche Identität mehr zulässt. Dinge, die diese Identität ausmachen, haben keinen Bestand und sind nicht zu halten. Sie sind nur durchlaufende und zeitlich gebundene Ereignisse. Sie sind nicht die letztendliche Wahrheit.

Wie diese Freiheit erlebt wird, beschreibt der indische Weise Nisargadatta Maharaj:

„Ich erkannte mich als vollständig, dass mir nichts fehlte.
Ich bin dieser unendliche Ozean des Bewusstseins.
Die Körper-Verstand-Einheit kümmert sich um sich selbst und lässt mich in Ruhe.
So wie Sie sich nicht um Ihren Haarwuchs kümmern, so brauche ich mich nicht um Worte oder Taten zu kümmern.
Sie geschehen einfach und lassen mich unberührt.
Es gibt nichts, wovon ich mich getrennt fühle.
Freude und Leid verloren ihre Macht über mich.
Ich war frei von Verlangen und Ängsten.
Ich erlebe keine Angst oder Gier, Hass oder Wut.
Doch die Hauptveränderung geschah im Verstand.
Er wurde bewegungslos und still, augenblicklich auf Dinge reagierend, doch diese Reaktion nicht fortsetzend. Spontaneität wurde zur Lebensweise.
Und über allem war unendliche Zuneigung, Liebe, dunkel und still, nach allen Seiten ausstrahlend, alles einschließend.
Sie macht alles interessant, schön, wichtig und vielversprechend.
Sind Sie einmal in diesem Zustand, werden Sie herausfinden, dass Sie lieben, was Sie sehen, egal, was es ist.
Diese allumfassende Liebe ist der Prüfstein des Gewahrseins.
Die Essenz von Heiligsein ist das totale Akzeptieren des augenblicklichen Moments, Harmonie mit den Dingen, so wie sie geschehen.
Ein Heiliger will die Geschehnisse nicht anders haben, als sie sind, er weiß, dass sie unter den gegebenen Voraussetzungen unvermeidlich sind.
Er heißt das Unvermeidliche willkommen, und deshalb leidet er nicht.
Er mag den Schmerz kennen, aber er erschüttert ihn nicht."

Nibbana, das Ende des Leidens

Buddha entdeckte einen Bereich, den er *Nibbana* nannte. (Sanskrit: Nirvana)

Nibbana wird übersetzt als das Höchste, die Freiheit von allem Werden, der ‚Ort‘, an dem es weder Geburt noch Tod gibt. Ein Bereich, in dem es kein Werden und somit auch kein Vergehen gibt.

Nibbana kann in zweierlei Bedeutung verstanden werden.

In der vierten der *„Fünf Sammlungen“*, der *„Angereihten Sammlung“*, wird es so erklärt: In der Alltagssprache heißt *Nibbana* ‚Abkühlung‘.

Wird ein wildes Pferd gezähmt, hat es *Nibbana*. Hat sich ein heiß zubereitetes Essen abgekühlt und kann dann gegessen werden, hat es *Nibbana*. In der *Dhamma*-Sprache hingegen, der Lehr-Sprache des Buddha, ist *Nibbana* jene geistige ‚Kühle‘, die sich einstellt, wenn die Herzenstrübungen keinen Einfluss mehr auf den Geist haben.

Buddha nennt *Nibbana* auch ‚das Ende des Leidens‘ durch das Erlöschen der Herzenstrübungen. Je mehr unsere Herzenstrübungen schwinden, desto höher ist der Grad der gefühlten Kühle. Je weniger Beeinträchtigungen auf der geistigen Ebene vorkommen, desto stärker können „geistige Kühle“ oder *Nibbana* wirken.

Zusammenfassend kann man sagen, *Nibbana* ist die Geisteskühle, wenn die Herzenstrübungen erloschen sind.

In seinen Schriften zitierte Ajahn Buddhadasa oft eine thailändische Redensart: ‚*Nibbana liegt im Sterben vor dem Tod.*‘ Dieser Satz hört sich etwas befremdlich an.

Er will sagen, dass *Nibbana* nicht erst nach dem Tod des physischen Körpers erreicht werden kann, sondern schon während des Lebens, durch das Sterben der Ich-Illusionen und Ich-Identitäten. Ein Mensch, der dies erkennt, hat das höchste Glück erreicht, welches ein Mensch erfahren kann. Ein Glück, das nicht an Bedingungen geknüpft ist.

In „Nibbana für jedermann" fasst Ajahn Buddhadasa es noch einmal zusammen:

„*Nibbana* ist ein natürlicher Zustand. Es ist der kühle Geisteszustand ohne jegliche Herzenstrübungen. Es ist Leben ohne Tod und es ist die Essenz, die alle Lebewesen erhält. Obwohl der Körper dem Tod überlassen bleiben mag, wird der Geist im Zustand von *Nibbana* nicht sterben."

Eine von ihm angeregte Übung war, sich im Alltag bewusstzumachen, wann der Geist sich ruhig, friedlich, freudvoll und unbewegt von den Herzenstrübungen anfühlt.

Er nannte diese Zustände: „Momentanes Nibbana".

Meditierende können diesen Geistzustand, dieses „momentane Nibbana", erleben. Es wird ein ‚Ort' des Friedens sein, auf den ich mich im Trubel des Alltags immer wieder beziehen kann.

Der Erkenntnis, dass es letztendlich ‚nichts gibt, was es wert wäre, zu sein, zu haben oder zu werden', folgen Konsequenzen: Die materielle Welt verliert ihre übermäßige Bedeutung.

Dauerhafte Zufriedenheit, wahres Glück und unsere letztendliche Erfüllung können wir in ihr nicht mehr finden. Immer mehr von allem zu haben, macht mich nicht dauerhaft glücklich.

Ich erkenne das Ausmaß meiner Bedürfnisse, erfülle meine Aufgaben in korrekter Weise, gehe mit mir selbst und anderen liebevoll um, durchschaue meine Ich-Identitäten und bleibe nicht an ihnen hängen, spüre meine innere Weite und Unbegrenztheit, meine Kraft und Freude, übe mich darin, nichts festzuhalten, sondern alles seiner eigenen Natürlichkeit zu überlassen, und der innere Raum der Weisheit erkennt, wie die Dinge wirklich sind.

Das ist das Ziel, das wir durch die Entwicklung von Meditations- und Achtsamkeitsübungen anstreben.

Zweiter Teil

Übungen zur Meditation und Achtsamkeit

Was gäbe es über unseren Geist zu sagen?

von Ajahn Chah

„Es ist nichts falsch mit unserem Geist. In sich selbst ist er bereits friedvoll.

Warum er heutzutage nicht mehr friedvoll ist, liegt daran, dass er seinen Launen folgt.

Der ursprüngliche Geist hat nichts damit zu tun. Er ist einfach nur ein Aspekt der Natur.

Er ist friedlich oder aufgewühlt, weil die Stimmungen ihn an der Nase herumführen.

Der ungeübte Geist ist unwissend. Sinnliche Eindrücke kommen und locken ihn so in Gefühle des Glücks, des Leids, der Freude und Traurigkeit.

Der ursprüngliche Geist ist nichts von alledem. Freude und Traurigkeit sind nicht der Geist, sondern nur Stimmungen, die uns an der Nase herumführen.

Der ungeübte Geist folgt diesen Stimmungen und vergisst sich dabei selbst. Dann denken wir, dass wir es sind, die ärgerlich oder in Frieden sind, oder was auch immer gerade für eine Stimmung vorherrscht. Aber in Wirklichkeit ist es so, dass dieser Geist schon unbewegt und friedvoll ist, wirklich friedvoll! Ein Blatt ist still, solange kein Wind weht.

Wenn Wind aufkommt, bewegt sich das Blatt. Es bewegt sich wegen des Windes.

Die Bewegungen des Geistes kommen von den Sinneseindrücken, denen der Geist folgt.

Wenn er ihnen nicht folgt, bewegt er sich nicht. Wenn wir

*die wirkliche Natur der Sinneseindrücke erkennen, bleiben
wir unbewegt.*

*Unsere Übungen bestehen einfach nur darin, den ursprüng-
lichen Geist zu entdecken.*

*Wir müssen unseren Geist also darin üben, diese Sinnesein-
drücke zu durchschauen und uns nicht in ihnen zu verlieren.*

*Den Geist still und friedvoll zu machen, ist das Ziel all der
Übungen, die wir auf uns nehmen.*"

Einführung in die Achtsamkeitsmeditation

Achtsamkeitsmeditation beinhaltet zwei wesentliche Aspekte. Die Beruhigung des Geistes und das Entwickeln von
Weisheit.

Der erste Schritt, dem sich ein Meditierender nähert, ist
das Beruhigen des Geistes mit Unterstützung eines Meditationsobjektes. Wird der Geist schrittweise geschult, beruhigt
er sich. Das fühlt sich zum einen sehr friedlich und freudvoll
an, zum anderen bietet dieser beruhigte Geist die Grundlage,
um Einsicht in die ‚wahre Natur der Dinge‘ zu erlangen.

Weisheit ist das Wissen über die Dinge, wie sie wirklich
sind. Zum einen gibt es die alltägliche Weisheit, die mit dem
Alltagsgeschehen in Beziehung geht und für Anfordernisse
angemessene Lösungen findet. Zum anderen die Weisheit, die
die Dinge so sieht, wie sie wirklich sind und wir auf Grund
dieser Erkenntnisse unser Handeln und unsere Haltungen
dem Leben gegenüber ausrichten.

Eine Wasseroberfläche kann nichts widerspiegeln, wenn sie ständig in Bewegung ist. Die Spiegelung wird von den Wellen verzerrt. Wird unser Geist von diesen gedanklichen Wellen bewegt, kann er das tägliche Erleben nur noch verzerrt wahrnehmen.

Unser ruheloser Geist bewegt sich meist in der Vergangenheit oder der Zukunft und ist dann wie ein zersplitterter Spiegel, der zwar die Dinge um sich herum wahrnimmt, aber eben zersplittert, getrübt, unvollständig, und er ist immer in Eile.

Zuweilen verlieren wir unsere innere Mitte, spüren nicht mehr die Verbundenheit zu uns und zu unseren Mitmenschen. Oft fühlen wir uns angetrieben von Stress, Sorgen und Ängsten und verschiedenen anderen Emotionen. Manchmal zweifeln wir an dem Sinn unseres Lebens und unserer Lebenssituation.

Achtsamkeitsmeditation ist ein nützliches Werkzeug, um damit direkten Einfluss auf den Geist zu nehmen und ihn zu schulen. Es ist eine Methode, die Natur des Geistes zu erforschen und sich diese Erfahrung zunutze zu machen. Es ist eine Einladung zu schauen, was IST.

Meditation

Zur Zeit Buddhas gab es das Wort „Meditation" nicht. Buddha nannte diesen Prozess *Bhavana*, das heißt: zum Entstehen bringen, hervorbringen, entwickeln.

Als Menschen sind wir mit den verschiedenen Anlagen und Fähigkeiten ausgestattet, die wir entwickeln können.

Im Prozess von Bhavana, der Meditation, trainieren und entwickeln wir fünf in uns angelegte Qualitäten: Vertrauen, Energie, Achtsamkeit, Konzentration und Weisheit.

Beginnen wir mit Meditation, müssen wir etwas Vertrauen mitbringen. Dass sie zum Beispiel nützlich für mich sein kann, aber ich weiß es noch nicht. Auch im Alltag müssen wir manchen Dingen etwas Vorschussvertrauen geben. Ich mache meine eigene Erfahrung mit etwas. Dann hat dieses ‚Ding' mein Vertrauen oder auch nicht.

Energie muss ich immer aufwenden. Das beginnt schon morgens beim Aufstehen. Es ist die Bereitschaft, Energie, Kraft und auch Geduld in etwas zu investieren.

Achtsamkeit ist die regulierende Kraft in uns. Eine Fähigkeit, den Geist auszurichten, ihn bei einer Sache und im Moment zu halten.

Konzentration ist die Kraft, die aus der Achtsamkeit erwächst. Durch das Objektiv einer Kamera kann ich auf einen Wald schauen. Ich kann aber auch nur ein einziges Blatt eines Baumes heranzoomen. Ich kann meinen Körper insgesamt spüren, aber dann nur einen Aspekt des Körpers in mein Gewahrsein nehmen und die Achtsamkeit dort halten, zum Beispiel nur beim Atem. Das ist Konzentration.

Weisheit ist die Kraft und Fähigkeit, die Dinge so zu sehen, wie sie sind. Weisheit erkennt die Zusammenhänge der Dinge, und veranlasst in mir entsprechendes, korrektes Handeln.

Meditation sollte wie das Pflegen einer Pflanze betrachtet werden. Die Auswirkungen des Wässerns, Düngens, Beschneidens, Umtopfens und Lichtgebens sind nicht sofort sichtbar, tragen aber zum Erhalt und der Gesundheit der Pflanze langfristig bei.

Ähnlich ist es in der Meditation. Das stille Sitzen, die Gehmeditation, die Kontaktaufnahme mit dem Atem oder dem

Körper, das bewusste Einnehmen des Essens, das achtsame Begleiten unserer Gedanken und Gefühle sind Tätigkeiten, die uns immer in den Moment bringen.

Folgende Geschichte verdeutlicht diese Haltung. Ein Zenmeister wurde einst von einem Schüler gefragt, wie er denn die Dinge tue, und er antwortete: „Wenn ich sitze, sitze ich. Wenn ich gehe, gehe ich. Wenn ich esse, esse ich und wenn ich trinke, trinke ich." Dazu sagte der Schüler: „Aber Meister, so mach ich das doch auch!" Und der Zenmeister antwortete: „Nein. Denn wenn du sitzt, gehst, isst oder trinkst, dann sind deine Gedanken bei deiner Arbeit, Familie oder Freunden oder bei den Dingen, die da kommen werden oder schon lange vergangen sind."

Achtsamkeit

Achtsamkeit ist mehr als Aufmerksamkeit. Wenn jemand etwas Unheilsames plant, wie einen Überfall zum Beispiel, braucht er eine erhöhte Aufmerksamkeit. Diese Art der Aufmerksamkeit ist nicht die Achtsamkeit, die wir im Prozess der Meditation entwickeln.

Achtsamkeit ist eine teilnehmende, nichtwertende Haltung. Sie beobachtet und unterstützt die Fähigkeit, die inneren und äußeren Erfahrungen direkt wahrzunehmen.

Es ist eine offene, nichtwertende Haltung all dem gegenüber, was gerade ist. Sie hat eine heilsame, reinigende und klärende Qualität.

Durch die innere Haltung der Achtsamkeit erlauben wir uns auch, unangenehme Gefühle, wie Stress, Wut, Ärger,

Trauer, Angst, Sorgen oder Schmerzen zu empfangen, und geben ihnen Raum, zu sein. Durch das bewusste Einnehmen einer akzeptierenden Haltung kommen nicht nur die unangenehmen Dinge ins Bewusstsein, sondern auch heilsame geistige Qualitäten.

Der geübte Geist wird ruhiger, gelassener und freudvoller, erkundet und entwickelt den ‚Ort' der Stille und Weisheit und erkennt, wie die Dinge wirklich sind.

Achtsamkeit ist der Schlüssel, der den Raum zur Weisheit öffnet.

Wenn Sie mit Meditation und dem Achtsamkeitstraining beginnen, ist es anfangs nicht leicht, den eingespielten Tagesabläufen und Gewohnheiten etwas Neues entgegenzusetzen.

Jedoch werden das Einhalten festgelegter Meditationszeiten und die verschiedenen Achtsamkeitsübungen bei regelmäßiger Übung bald ihre Wirkung zeigen:

- Eine erhöhte Fähigkeit, sich zu entspannen.
- Mehr Gelassenheit, Energie und Lebensfreude im Alltag.
- Mehr Verständnis und Freundlichkeit für sich selbst und andere.
- Eine verbesserte Haltung in Stresssituationen.
- Achtsamer Umgang mit Gedanken und Gefühlen.
- Einsichten in Probleme und Themen des eigenen Lebens.
- Einsicht in die wahre Natur der ‚Dinge'.

Wie beginnen Sie
Ihre Meditationspraxis?

Der erste Schritt ist Ihre Entscheidung, gewisse Übungen für eine bestimmte Zeit auf sich zu nehmen. Wenn Sie Ihre Meditationspraxis entwickeln möchten, ist eine innere Haltung von Nutzen, die einem neugierigen Kinde ähnelt. Sie werden neugierig auf sich selbst und Ihr Lebensumfeld. Eine grundlegende Technik, die Aufmerksamkeit aufrechtzuerhalten, ist, das Bewusstsein auf den Körper und auf die Atmung zu richten.

Dieser Körper muss atmen, um am Leben zu bleiben. Dieser Atem spielt eine Schlüsselrolle in der Meditation. In unserem Geist entdecken wir die verschiedenen Gedanken, Gefühle und Geistzustände, die auch Gegenstand unserer Betrachtung werden.

Weiterhin machen wir noch eine grundlegende Beobachtung, die unser ganzes Leben begleitet: Alles, was jemals entstanden ist, muss auch wieder vergehen.

Dieses Erleben ist Ausdruck des Gesetzes der Unbeständigkeit.

Mit diesen Meditationsobjekten sind wir gut ausgestattet und können mit dem Abenteuer und Experiment Meditation und Achtsamkeit beginnen.

Ethik

Ethik bedeutet „sittliches Verständnis" und bezieht sich auf die Regulierung menschlichen Verhaltens, Regeln, um andere und uns selbst zu schützen.

Haben wir nicht manchmal den Impuls, Dinge absichtsvoll zu tun, die von den Herzenstrübungen wie Hass, Gier, Neid, Eifersucht, Angst oder Unwissenheit angetrieben werden?

Mir gefällt der Begriff „Selbstverpflichtung", der im buddhistischen Kontext benutzt wird:

- Andere nicht töten oder verletzen.
- Nicht nehmen, was einem nicht gegeben wurde.
- Nicht die Unwahrheit sprechen.
- Keine unheilsamen sexuellen Handlungen ausführen.
- Keine Substanzen nehmen, die den Geist nicht mehr wissen lassen, was er tut.

Erinnere ich mich an diese Selbstverpflichtungen, laden sie mich zum Innehalten und zum Erforschen meines Geisteszustandes ein. Ich habe die Wahl anzuhalten, muss Impulsen nicht folgen.

Moralische Prinzipien sind wie ein Filter für meine Absichten. Schicke ich diese Absichten durch das Geflecht eines Regelwerkes, kann ich beruhigt annehmen, was den Filter passiert hat, und danach handeln.

Meditierende werden im Rahmen von Meditationszeiten dazu angehalten, diese Selbstverpflichtungen zu beachten. Dies ist eine wichtige Unterstützung, nicht nur zum Schutz für sich selbst und andere, sondern auch zum Kennenlernen der Wirkungsweise von Herzenstrübungen und der Inhalte unseres eigenen Geistes.

Meditationsobjekte

Buddha lehrte eine Fülle von Meditations- und Kontemplationsobjekten. Grundlegende Methoden sind die Atembetrachtung, das Beobachten des Körpers, das Beobachten der Gefühle und Gedanken.

Als Menschen finden wir all das, worauf wir uns beziehen können, bei uns und in uns.

Wir sind mit einer reflektierenden Qualität ausgestattet, die wir Geist oder Bewusstsein nennen. Wir haben unseren Körper mit all seinen Empfindungen. Dieser Körper atmet. Der Atem strömt ein, erfüllt seine Aufgabe und geht wieder.

Je länger der Geist mit einem Meditationsobjekt zusammenbleiben kann, desto mehr kommt er zur Ruhe. Die geistigen Bewegungen werden deutlicher, langsamer und Sie müssen den verschiedenen Geschichten, die die Gedanken transportieren, nicht mehr folgen. Das Meditationsobjekt wird zu Ihrem Anker für den gegenwärtigen Moment.

Wirkungsweise des Meditationsobjektes

Sie kennen es sehr gut. Jemand sagt etwas Unangenehmes zu Ihnen und plötzlich ärgern Sie sich. Vorher ging es Ihnen gut. Sie spürten vielleicht eine leise Freude oder einfach nur eine leichte Zufriedenheit. Jetzt spüren Sie, dass sich der Ärger in Ihrem Bewusstsein ausbreitet. Es kommen sogar körperliche Symptome hinzu. Der Ärger füllt Sie ganz aus und die dazugehörigen Gedanken stellen sich auch ein. Was passiert gerade?

Wenn Sie den Geist oder Ihr Bewusstsein mit einem Raum vergleichen, in dem die verschiedenen ‚Objekte‘ sind, so ist gerade ein bestimmtes Objekt, hier der Ärger, so stark im Vordergrund, dass Sie sonst nichts anderes mehr wahrnehmen. Dieser Ärger füllt Sie gerade ganz aus.

Wir bemerken, dass es möglich ist, eine Qualität zu fühlen, die den Geist ganz ausfüllt!

Dieses Prinzip machen wir uns in der Meditation zu Nutze.

Der Atem: Er hat keine extremen Qualitäten. Er ist manchmal ruhig und tief, manchmal kurz und schnell. Nach dem

Joggen fühlt er sich anders an als kurz nach dem Aufwachen oder wenn Sie in der Meditationshaltung sitzen. Wird Ihre gesamte Aufmerksamkeit auf den Atem gerichtet, dann übernimmt Ihr Geist die Qualität des Atems. Das kann sich dann sehr ruhig, gesammelt, still und konzentriert anfühlen. Ihr Geist mag diesen Zustand.

Wenn Sie längere Zeit Ihren Atem achtsam begleiten können, werden Sie sich erfrischt, beruhigt, gesammelt und gelassen fühlen. Das betrifft nicht nur Ihren Geist, sondern auch Ihren Körper. Des Weiteren werden verschiedene Stufen der Konzentration entwickelt.

Entwicklung der Konzentration

1. Das Wesentliche der Meditations- und Achtsamkeitsübungen ist das Erforschen des Geistes und des Herzens. Der Verstand denkt und plant, ist ständig mit irgendwelchen Problemen oder Themen beschäftigt und kommt so nicht zur Ruhe.
2. Sich dieser geistigen Abläufe bewusst zu sein, bezeichnet man als Achtsamkeit.
3. Die klare Kenntnis des Geistes über Gedanken, Gefühle oder Vorstellungen nennt man Wissens- oder Bewusstseinsklarheit.
4. Üben wir Achtsamkeit und Wissensklarheit oft, können wir diese inneren Vorgänge erkennen und sie achtsam begleiten.
5. Wir bringen die Achtsamkeit immer wieder zurück zu unserem Meditationsobjekt.
6. Trennt sich der Geist nach kurzer Zeit wieder von dem Meditationsobjekt, hatte er eine „Momentane Konzentration".
7. Bleibt der Geist länger bei dem Meditationsobjekt, erfährt er eine tiefere und festere Ruhe und Stille, bis er die „Angrenzende Sammlung" erreicht.

8. Der beruhigte Geist fühlt sich hier leicht und ‚erhoben‘ an, denn er steht nicht unter dem Einfluss der fünf Hindernisse.

9. Ist der Geist gestillt, zufrieden und ruhig, wird dieser Zustand von einer Freude begleitet sein, die sich bei Meditierenden verschieden äußert.

10. Erleben wir dann ein überwältigendes Glücksgefühl, ist dies die Stufe der „Vollen Sammlung". Der Geist, frei von allen Hindernissen, befindet sich in voller Verzückung, wie in einem schwebenden Zustand.

11. Nach diesen meditativen Zuständen wird der konzentrierte Geist dann an Themen herangeführt, die er kontemplieren, betrachten will, um ein Verständnis über die Dinge zu erlangen, wie sie wirklich sind. Es entwickelt sich Weisheit.

Sitzen und die Sitzhaltung

Sitzen ist die klassische Haltung, um die Aufmerksamkeit auf den Körper und die Atmung zu richten. Dazu sollten Sie sich eine bestimmte Zeit nehmen, um ungestört für eine Weile nur mit sich selbst zu sein. Die beste Zeit ist morgens. Der Geist ist noch frisch und wenig belastet von den verschiedenen Eindrücken, die wir im Laufe des Tages einsammeln. Wenn es Ihr Tagesablauf nicht zulässt, morgens die Zeit zu finden, dann ist jede andere Zeit in Ordnung. Wichtig ist, dass Sie nicht unter Zeitdruck sind und ungestört von anderen Menschen, Pflichten und dem Telefon sein können. Nehmen Sie sich anfangs dafür 20-30 Minuten Zeit. Finden Sie heraus, welcher Ort in Ihrer Wohnung dafür geeignet ist.

Legen Sie für sich selbst fest: Das ist jetzt meine Zeit, die ich mit mir alleine verbringe. Ich muss jetzt nichts leisten oder tun. Ich lasse sie zu meiner Insel der Ruhe und Stille werden.

Sie werden anfangs bemerken, dass Ihr Geist immer wieder in die verschiedenen Geschichten Ihres Lebens hineingezogen wird.

Der Weg in die Stille führt über den Lärm des Marktplatzes.

Üben Sie in dieser von Ihnen bestimmten Zeit mit ganzem Herzen und der Geduld, die solche Übungen erfordern. Im Laufe der Zeit werden Sie feststellen, dass sich die Meditation entwickelt und es immer leichter wird, mit dem Meditationsobjekt zusammenzubleiben.

Sie schalten um von dem Handlungsmodus in den Seinsmodus.

Es gibt verschiedene klassische Sitzhaltungen auf dem Boden, vom Schneidersitz bis hin zum vollen Lotussitz. Sie können auch einen Stuhl oder Hocker benutzen. Welche Haltung Sie wählen, ist nicht wichtig. Achten Sie darauf, dass Sie Ihren Oberkörper gerade halten.

Zur Unterstützung können Sie Sitzkissen, zusammengerollte Decken oder andere Hilfsmittel benutzen. Die Beine legen Sie bequem. Die Hände legen Sie auf die Oberschenkel oder ineinander. Den Kopf halten sie ganz natürlich. Das Kinn halten Sie leicht nach unten zur Brust gezogen, ohne Anstrengung.

Auch wenn eine Sitzhaltung sich anfangs sehr bequem anfühlt, werden Sie feststellen, dass sich dies im Laufe des Sitzens ändert. Es drückt hier oder vibriert dort. Es klopft in den Knien oder schmerzt im Rücken … ja, so ist das mit dem Körper, er hat immer etwas zu melden.

Mein Rat: Reagieren Sie möglichst nicht darauf. Nehmen Sie diese wechselnden Empfindungen einfach nur wahr. Bringen Sie Ihre Aufmerksamkeit zu dem Meditationsobjekt zurück.

Je aufmerksamer Sie bei dem gewählten Meditationsobjekt bleiben, desto mehr werden diese unangenehmen Körperempfindungen in den Hintergrund treten oder einfach verschwinden.

Ich rate niemandem, sich zu quälen! Wenn Schmerzen oder andere Empfindungen unerträglich werden, wechseln Sie zu einer anderen Position. Bevor Sie wechseln, stellen Sie für sich fest: Ich verändere jetzt meine Körperhaltung, weil ich von einer unangenehmen Empfindung wegkommen will.

Dem Körper geben wir Kraft und Ausdauer, indem wir ihn bewegen.

Dem Geist geben wir Kraft und Ausdauer, indem wir ihn zur Ruhe kommen lassen.

Sie sind Ihre eigene Autorität, experimentieren Sie.

Achtsamkeit mit dem Körper

Haben Sie eine bestimmte Meditationshaltung eingenommen, seien Sie sich dieser bewusst. Stellen Sie fest, was Sie gerade wahrnehmen können. Im Außen hören Sie verschiedene Geräusche, Sie fühlen die Zimmertemperatur oder eine bestimmte Körperempfindung. Im Inneren sind Sie vielleicht mit vergangenen oder zukünftigen Ereignissen beschäftigt. Nehmen Sie sich etwas Zeit, all das wahrzunehmen, und geben Sie an all die Gedanken die Botschaft: *Jetzt werde ich mich nicht mit euch beschäftigen, sondern erst, wenn ihr dran seid.*

Im Laufe Ihrer Meditationspraxis werden Sie Ihre eigenen Strategien entwickeln, um mit den geistigen Bewegungen, die Sie aus dem Jetzt herausziehen wollen, umzugehen.

Dann beginnen Sie mit der Übung: Werden Sie sich bewusst, dass Ihr Körper gerade liegt oder sitzt. Spüren Sie, mit welchen Stellen Ihre Füße, Unterschenkel, Oberschenkel die Unterlage berühren.

Welche anderen Empfindungen sind spürbar? Ein Kribbeln, Spannungen, Wärme, Feuchtigkeit, Schmerzen, Vibrationen oder die Berührung Ihrer Kleidung auf der Haut? Bemerken Sie auch, wie sich die Oberseite Ihrer Beine anfühlt. Wichtig ist die Qualität Ihrer empfangsbereiten Aufmerksamkeit. Was Sie da spüren, ist nicht wichtig. Empfindungen sind einfach nur Empfindungen, sie kommen und gehen wie der Wind. Gehen Sie mit Ihrer Aufmerksamkeit weiter zu Ihrem Rücken. Spüren Sie seine Berührung mit der Unterlage. Empfangen Sie diese Empfindungen nur, lassen Sie sie so sein, wie sie sind.

Stellen Sie zwischendurch immer wieder fest, dass Ihr Körper atmet.

Wenn Sie dann an den Schultern angekommen sind, lassen Sie Ihre Aufmerksamkeit mit einer Ausatmung zu Ihren Händen gehen und beginnen auch hier, die Hände langsam geistig bis zu den Armen abzutasten, bis Sie dann wieder bei den Schultern angekommen sind. Mit einer bewussten Ausatmung bringen Sie dann die Aufmerksamkeit zu Ihrem Bauch und fühlen, wie sich diese Stelle Ihres Körpers im Rhythmus der Atmung bewegt. Nehmen Sie dann die Vorderseite des Körpers in Ihr Gewahrsein, bis Sie wieder bei den Schultern angekommen sind. Überlassen Sie die Schultern der Schwerkraft. Spüren Sie dann, wie der Kopf liegt, wie er die Unterlage berührt, und bringen Sie dann Ihre Aufmerksamkeit zu Ihrem Gesicht. Empfangen Sie diese Empfindungen, lassen Sie sie ganz da sein. Sie sind wie eine Antenne, die empfängt und mit dem Empfangenen nichts macht.

Zum Abschluss dieser Übung spüren Sie nochmal Ihren

ganzen Körper und bleiben Sie noch einige Momente bei der Atmung. Und dann tun Sie das, was Sie tun müssen.

Achtsamkeit mit der Atmung

Anstatt die Aufmerksamkeit auf diese Weise beim ganzen Körper zu halten, lässt sich Achtsamkeit auch entwickeln, indem Sie Ihre Aufmerksamkeit der Atmung zuwenden.

Nachdem Sie die Sitzhaltung eingenommen haben, sammeln Sie die Achtsamkeit, wie schon oben besprochen, bei sich ein, indem Sie wieder damit beginnen, wahrzunehmen, welche Geräusche, Gedanken und Gefühle wahrnehmbar sind, und verabschieden Sie sich bewusst für die Dauer der Sitzmeditation von ihnen.

Dann folgen Sie als Erstes der Empfindung Ihres natürlichen Atems, wie er durch die Nase einströmt, Brust- und Bauchraum füllt und wieder ausströmt. Sie werden bemerken, dass die Atemzüge verschiedenartig sind. Beachten Sie, dass manche länger sind, andere kürzer, manche gehen sehr tief, andere sind wiederum sehr flach.

Halten Sie dann Ihre Aufmerksamkeit an einem bestimmten Punkt: entweder in der Gegend des Bauches oder bei den feineren Empfindungen in der Gegend der Nasenöffnung. Wenn Sie sich der natürlichen Atmung widmen und hingeben können, hat das alleine schon eine beruhigende und entspannende Wirkung.

Eine aufrechte Körperhaltung, die Sie während dieser Übung einnehmen, unterstützt die Achtsamkeit und Konzentration. Es ist auch ganz natürlich, dass Ihr Geist immer wieder abschweifen wird. Wenn Sie das im Laufe der Übung feststellen, führen Sie ihn freundlich, sanft und vor allem geduldig immer wieder zum Atemvorgang zurück.

Sie werden im Laufe Ihrer Meditationspraxis verschiedene Konzentrationsstufen erleben. Anfangs reicht es aus, einfach die Bewegungen des Geistes wahrzunehmen und dabei ein gewisses Maß an ruhiger Klarheit, Geduld und Verständnis darüber zu erlangen.

Durch das Sammeln der Aufmerksamkeit, das Wahrnehmen des Atems, das Beobachten des wandernden Geistes und schließlich das Zurückführen der Aufmerksamkeit zum Atem, wird sich Achtsamkeit, Geduld und einsichtsvolles Verstehen entwickeln. Es gibt keine schlechte Meditation oder sogenannte Misserfolge, sondern nur Erfahrungen, die Sie sammeln können. Auch wenn Sie während der Meditation sehr lange gedanklich ganz woanders waren, können Sie immer wieder von vorne anfangen.

Wenn Sie in dieser Weise üben, wird der Geist schließlich zur Ruhe kommen.

Werden Sie unruhig oder aufgeregt, stellen Sie das ganz freundlich fest und versuchen Sie sich zu entspannen. Üben Sie sich darin, mit sich selbst in Frieden zu sein, egal welche Qualitäten Sie gerade in sich entdecken oder welche Stimmen in Ihrem Geist gerade laut werden. Lehnen Sie sich zurück und hören Sie einfach nur zu.

Sollten Sie sich schläfrig fühlen, richten Sie Ihre Aufmerksamkeit auf die Körperhaltung und auf die Körperempfindungen. Sie können auch die Augen leicht öffnen oder auf Geräusche hören, für einige Momente. Sie können auch, wie unten beschrieben, den Atem mit einem Wort oder dem Zählen zusammenbringen.

Mantras und andere ‚Hilfsmittel'

Wenn wir den bewegten Geist auf ein feines, gleichbleibendes ‚Objekt' wie den Atem richten, werden wir feststellen, dass Gedanken immer wieder ihre Aufmerksamkeit einfordern. Das kann anfangs sehr frustrierend sein, doch lassen Sie sich davon nicht entmutigen. Das ist ganz normal und auch sogenannte ‚professionelle Meditierende' haben damit zu tun. Der Geist schreit förmlich nach Beschäftigung und die geben wir ihm. Wir werden ihm aber eine Beschäftigung geben, die sich im Bereich des Meditationsobjektes befindet.

Das Zählen

Verknüpfen Sie die Ein- und Ausatmung mit dem Zählen der Atemzüge.

Bei der Einatmung zählen Sie *eins*, und bei der Ausatmung zählen Sie auch *eins*.

Bei der nächsten Einatmung zählen Sie *zwei* und bei der Ausatmung *zwei*.

Sie zählen die Atemzüge auf diese Weise bis *zehn* und beginnen dann wieder bei *eins*.

Es ist hier allerdings darauf zu achten, dass der Atem nicht kontrolliert, sondern seinem natürlichen Rhythmus überlassen wird. Wenn Sie merken, dass Ihre Aufmerksamkeit wieder in die Gedankenwelt gezogen wird, beginnen Sie wieder bei eins.

So haben Sie die Übersicht, inwieweit der Geist bei der Übung bleibt. Wenn der Geist dann langsam zur Ruhe kommt und gut bei der Atmung bleiben kann, können Sie auf das Zählen verzichten und die Atmung entweder in der Gegend der Nasenöffnungen, bei der Berührung der aus- und einströmenden Luft, oder in der Gegend des Bauches, beim Heben und Senken der Bauchdecke, beobachten.

Dem Atem folgen

Sie können auch anfangs dem Atem folgen. Sie bemerken, dass er einströmt und an den Nasenöffnungen eine Berührung der Luft zu spüren ist. Der Atem strömt in die Lungen, was spürbar wird als Heben der Bauchdecke. Dann ist da eine kurze Pause, und dann setzt die Ausatmung ein, die Bauchecke senkt sich und Sie spüren wieder eine Berührung der Luft in der Gegend der Nasenöffnungen.

Langer Atem, kurzer Atem

Anfangs wird es nicht leicht sein, den Geist bei den feinen Bewegungen des Atems zu halten. Es ist ein schrittweises Annähern an die Stille und die Ruhe des natürlichen Atems.

Beobachten Sie, dass die Atemzüge sehr tief und lang sein können. Wie kurz oder wie lang ist der Atem, verglichen mit dem vorhergehenden Atemzug? Bemerken Sie, ob Ihr Geist sich langsam beim Atem halten kann.

Stellen Sie dann fest, dass der fleischliche Körper und der Atem in einer Beziehung stehen. Solange der Körper am Leben ist, atmet er. Nur ein toter Körper atmet nicht mehr.

Wie fühlt sich der Körper an, wenn der Atem kurz und flach ist, und wie, wenn er lang und tief ist? Lassen Sie den Atem dann ganz natürlich fließen, lassen Sie sich atmen.

Wenn Gedanken Sie auf eine Reise mitnehmen, stellen Sie das einfach nur fest und beginnen Sie wieder von vorne. Sie können immer wieder neu anfangen. Bringen Sie die Achtsamkeit wieder zum Atem und halten Sie ihn da. Das Hinbringen ist leicht, aber ihn dort zu halten macht den ganzen Unterschied.

Mantras

Mantras sind Worte, Sätze oder Silben, die in den verschiedenen Traditionen ihre unterschiedlichen Bedeutungen haben. Das anhaltende Rezitieren oder stille Denken des Mantras ist eine Stütze, um meditativ am gewünschten Meditationsobjekt festzuhalten und da zu verweilen. Die Meditationsmeister der thailändischen Waldtradition empfehlen das Wort *Buddho,* es ist abgeleitet von Buddha und bedeutet einfach nur: wach sein.

Mit der einströmenden Atmung denken Sie *Buh* und mit der ausströmenden Atmung *Doh.* (Der praktischen Einfachheit halber verzichte ich hier auf die korrekte Schreibweise des Wortes). Wenn Sie nach einer Weile merken, dass der Geist auch ohne dieses Wort bei der Atmung bleibt, lassen Sie es einfach gehen und bleiben beobachtend bei der Atmung.

Sie können jedes andere Wort nehmen, das Ihnen entgegenkommt. Wenn Sie christlich orientiert sind und dem Wort eine Bedeutung geben möchten, nehmen Sie das Wort *Je-su.*

• ‚Ich bin'-Meditation

In den Advaita-Vedanta-Traditionen wird eine einfache Meditation angeboten, die ich hier kurz beschreibe:

Finden Sie das einfache Gefühl Ihrer Existenz, ihres Seins, dieses ‚Ich bin', und bleiben Sie nur mit dem natürlichen Gefühl, dass Sie sind, das ‚Ding', diese Wachheit in Ihnen, was sich nicht anzustrengen braucht, um zu sein. Bleiben Sie mit diesem Gefühl und verbinden Sie es nicht mit irgendwelchen anderen Gedanken, Erinnerungen oder Glaubenssätzen, haben Sie keine Absichten oder Wünsche. Tun Sie nichts!

Anfangs werden Sie wahrscheinlich eine Menge Geräusche, Gedanken oder Bilder im Geist haben. Lassen Sie all die Geräusche einfach da sein und bleiben Sie in der Gegenwart.

Wenn Sie in dieser Art von Gegenwärtigkeit bleiben, entfernen sich diese Geräusche etwas von Ihnen und Sie haben nur das Gefühl von Hiersein. Mit diesem natürlichen Gefühl kann sich in Ihnen eine Freude und ein gefühlter weiter Raum spüren lassen. Nach ungefähr 10 Minuten öffnen Sie Ihre Augen, nehmen ein paar tiefe Atemzüge und gehen in Ihren Alltag. Und abends können Sie das Gleiche wiederholen.

Wenn Sie mit dieser Übung beginnen, kann es anfangs hilfreich sein, die natürlichen Atemzüge mit folgenden beiden Worten zu verknüpfen. Denken Sie bei der Einatmung, *Ich,* bei der Ausatmung *bin.* Machen Sie daraus eine kleine Gewohnheit.

Es ist keine neue Religion oder ein neuer Glaube, es ist eine einfache Meditation. Experimentieren Sie und finden Sie die Methode, die für Sie funktioniert.

Gehmeditation

Das Gehen ist die Bewegung des Körpers durch den Raum.

Wir gehen in der Regel, um irgendwo anzukommen. Wenn wir ein Ziel haben, sind wir aber meist nicht mehr in der Gegenwart verankert, sondern gedanklich schon dort angekommen.

In der Gehmeditation geht es darum, den gesamten Prozess des Gehens geistig zu begleiten. Mein einziges Ziel ist jetzt dieser eine Schritt in diesem einen Moment.

Deswegen bezeichne ich die Gehmeditation als ‚Gehen, ohne anzukommen‘.

In der thailändischen Waldtradition wird die Gehmeditation so ernst genommen, dass jede Mönchshütte einen eigenen, überdachten Gehpfad hat.

Wenn Sie das Gehen im Freien oder auch in der Wohnung üben, legen Sie eine bestimmte Wegstrecke fest. Im Freien können es 20-30 Schritte sein, in der Wohnung wird die Länge durch die Wände begrenzt. Sie können den Anfang und das Ende des Weges kennzeichnen. Sie stellen sich dann an das eine Ende und laufen einfach los. Die Augen bleiben offen, die Hände können Sie entweder vor oder hinter dem Körper verschränken. Es geht hier nicht darum, besonders langsam zu laufen, sondern darum, die Geschwindigkeit zu finden, die Ihr Geist mit der Aufmerksamkeit gut begleiten kann. Lassen Sie dieses Gehen nicht mechanisch werden und erinnern Sie sich daran, dass Sie nirgends anzukommen brauchen.

Es gibt drei Ereignisse beim Gehen, die Sie als Ihr Meditationsobjekt nehmen: das Heben des Fußes, seine Bewegung und das Absetzen.

Bemerken Sie die Leichtigkeit des Fußes beim Heben, beobachten Sie die Bewegung des Fußes durch den Raum und fühlen Sie den Druck der Fußsohle auf dem Boden, wenn Sie den Fuß wieder absetzen. Bleiben Sie anfangs bei diesen drei Bezugspunkten, bringen Sie Ihre Achtsamkeit immer wieder dorthin zurück.

Lassen Sie das Gehen zu einem entspannten Bewegungsablauf werden. Sie werden feststellen, dass Ihr Geist immer wieder in die Geschichten der Vergangenheit oder der Zukunft verstrickt wird.

Sie werden hierbei viel über den Geist lernen, besonders über die Nichtkontrollierbarkeit der Gedanken, und vielleicht überrascht sein, von welcher Qualität Ihre Gedanken manchmal sind. Sobald Sie bemerken, dass Ihre Aufmerksamkeit Ihren Gedanken nachhängt, nehmen Sie einige tiefe Atemzüge und bringen sie ganz freundlich zurück zu Ihrem Meditationsobjekt, dem Gehen. Hat sich der Geist auf das Beobachten des Gehens eingependelt, wird es zu einer entspannten Übung. Körper und Geist kommen zur Ruhe, Sie fühlen sich entspannt und gelassen.

,In die Stille der Nacht
trage ich meine Gedanken hin und her,
bis auch sie im Gleichmaß der Schritte verstummen.'

Entwicklung von Freundlichkeit und die Entfaltung des Herzens

Freundlichkeit, Akzeptanz, Toleranz und „unbedingte" Liebe müssen wir zuerst in und zu uns selbst entwickeln, bevor wir sie anderen entgegenbringen können. Nur was wir selbst haben, können wir weitergeben.
Deshalb hier zunächst eine Betrachtung .

Selbstliebe

Stellen Sie sich einen Menschen vor, den Sie besonders mögen und lieben und als guten oder besten Freund bezeichnen. Was würden Sie Ihrem besten Freund wünschen?
Dass es ihm gut gehen möge, dass er glücklich mit den Din-

gen ist, die er tut, und dass das Leben es gut mit ihm meint. Dieser Freund ist natürlich nicht perfekt. Manchmal ist er schlecht und manchmal gut gelaunt, auch er hat seine kleinen oder auch großen Unvollkommenheiten. Das sind zwar nicht gerade die Qualitäten, die Sie an ihm mögen, dennoch schauen Sie mit freundlichen Augen auf diesen Menschen, fühlen Zuneigung, Liebe und Akzeptanz. Sie freuen sich mit ihm, wenn ihm etwas gelungen ist, und haben Mitgefühl, wenn es ihm mal nicht so gut geht.

Sein Ärger, seine Trauer, seine Ängste und seine Wut, und auch manchmal seine Unfreundlichkeit, all das darf sein, hat seinen Platz im Raum der Liebe und Akzeptanz. Vor diesem Hintergrund schauen Sie an diesen Dingen vorbei, Sie fühlen sich mit Ihrem Freund auf dieser Ebene verbunden.

Sie halten begründete Kritik nicht zurück, äußern sie aber mit Wertschätzung und Einfühlungsvermögen.

Diese akzeptierende Haltung in Freundlichkeit und Liebe können Sie auch sich selbst geben.

Werde dein bester Freund!

Oft schauen wir sehr kritisch auf uns selbst, manchmal sogar unbarmherzig.

Qualitäten, die wir an anderen schätzen, sehen wir oft bei uns selbst nicht. Vielleicht, weil wir so eng mit diesen Qualitäten verbunden sind. Hören wir von anderen, was sie an uns schätzen, wissen wir manchmal nicht, was sie meinen, oder glauben es nicht.

Ein Fisch im Wasser weiß nicht, dass er im Wasser ist.

Wenn wir vor einem Spiegel stehen und unser Gesicht direkt auf diesen Spiegel drücken, sehen wir nichts, treten wir einen Schritt zurück, wird die Sicht klarer auf das, was schon immer da war.

Mit einem bedingungslosen JA werde ich gerne meine eigene Gesellschaft aufsuchen, mich vielleicht auf eine Entdeckungsreise zu mir selbst begeben wollen.

Ich behandle mich mit Freundlichkeit, Verständnis und Akzeptanz, wie einen guten Freund.

Zunehmende Selbstkenntnis und -achtung erlauben mir, meine nicht akzeptablen Gedanken und Handlungen zwar als solche zu erkennen, sie auch zu korrigieren, aber ich muss mich nicht mit ihnen identifizieren. Langsam wächst aus der Erkenntnis die Gewissheit: „Ich habe all dies in mir, aber ich bin es nicht."

Ich werde Meister in der Kunst des Alleinseins, eines Alleinseins, das nichts mit Trennung, sondern mit Verbundenheit zu tun hat, ein Beheimatetsein in mir selbst, einer gefühlten, offenen Weite, in der alles enthalten ist.

Metta–Meditation

In der Palisprache gibt es für das Wort „Liebe" zwei Begriffe: *Pema* und *Metta*.

Pema meint diese Art der Liebe, die wir alle kennen. Es ist die Zuneigung, die wir anderen Menschen geben, wenn wir uns ihnen besonders zugetan fühlen. Es ist die Liebe, die wir auch wieder zurücknehmen, wenn der andere etwas tut, was uns nicht gefällt. Sie ist geknüpft an Bedingungen.

Manchmal schwingt im Hintergrund der Satz: ‚Ich liebe dich, solange du tust, was mir gefällt. Tust du etwas anderes, liebe ich dich nicht mehr, dann entziehe ich dir meine Liebe'.

Wir alle kennen diese Haltung und sie bedarf an dieser Stelle keiner weiteren Betrachtung.

Der zweite Begriff, Metta, ist eine andere Form der Liebe: ‚Unbedingte Liebe‘, ‚Universelle Freundlichkeit‘ ‚Liebende Güte‘.

Metta ist an keine Bedingung geknüpft, schaut an den Unterschiedlichkeiten vorbei und bezieht sich auf das ungetrübte Wesen des anderen.

Wenn wir etwas an anderen Menschen nicht mögen, dann bezieht sich das meist darauf, was sie sagen oder tun. Ist es das, was wir gerne haben, lieben wir sie. Tun sie etwas anderes, entziehen wir unsere Liebe wieder.

Ajahn Sumedho, ein amerikanischer Mönch, sagte einmal: „Wenn du in ein Wirtshaus gehst und jemand schüttet dir ein Glas Bier ins Gesicht, wäre es töricht zu sagen, ich mag diesen Menschen. Aber man kann immer noch sagen: Ich liebe diese Person.“

Was für eine Herausforderung! Dieser Satz hat mich sehr beschäftigt.

Diese Haltung ist Metta: Ich liebe dich, egal was du sagst oder tust.

Sie bezieht sich auf die verbindenden Qualitäten, auf das Wesen, auf den Urgrund unseres verbundenen Seins.

Buddha schickte einst eine Gruppe von Mönchen in einen Wald, um dort die dreimonatige ‚Einkehr der Besinnung‘ in Meditation zu verbringen.

Aber die Herzen dieser Mönche waren noch von den verschiedenen Herzenstrübungen verdunkelt und so erlebten sie auch dort ihren Ärger, ihren Neid, ihre Eifersucht und andere unheilsame Geistzustände.

In diesem Wald lebten aber auch Devas, feinstoffliche Wesen, deren Bewusstseinsraum gefüllt ist mit Freude, Freundlichkeit, Glück und Liebe. Diese Wesen fühlten sich von diesen Mönchen sehr gestört und wollten sie loswerden.

Sie verwandelten sich in Dämonen und jagten den Mönchen so viel Angst ein, dass sie den Wald fluchtartig verließen.

Als sie Buddha davon berichteten, erklärte er, man könne sein Herz mit Freundlichkeit füllen und sie in die Welt strahlen lassen.

Er schickte sie in diesen Wald zurück, und die Mönche befolgten seine Anweisungen.

Die Devas, sehr erfreut über diese neue Atmosphäre, boten den Mönchen ihre Dienste und Unterstützung an.

In unserer Welt der Dualität gibt es für eine Sache gleichzeitig auch immer deren Gegenpart. Was stehen dem Ärger, der Wut, dem Zorn, dem Nachtragen gegenüber?: Freundlichkeit, Liebe, Mitgefühl und Verständnis.

Wir haben es alle schon erlebt, wie schnell sich die Liebe zu jemand ändern kann, wenn sich die Bedingungen ändern. Was wäre, wenn ich an den Unterschieden vorbeischauen und mich auf das Wesen beziehen könnte, das fühlt wie ich selbst?

Welch eine Herausforderung!

Es gibt verschiedene Arten, diese „Meditation der universellen Liebe" zu praktizieren.

Hier wird nur eine mögliche Anleitung vorgestellt:

Finden Sie einen ruhigen Platz in Ihrer Wohnung, in einem Park, im Garten oder an einem anderen ungestörten Ort. Hier nehmen Sie eine bequeme Körperhaltung ein, schließen die Augen und machen sich die Bedeutung des Wortes *Metta* bewusst: Liebe als Gegenpol zu Hass, Ärger, Böswilligkeit, Ungeduld, Stolz und Arroganz.

Verbinden Sie sich mit einem Gefühl, das darauf abzielt, das Glück und Wohlergehen anderer und Ihrer selbst zu fördern: Sympathie, Freundlichkeit, guter Wille, Toleranz …

Stellen Sie sich jetzt gedanklich vor einen Spiegel und betrachten Sie Ihr Gesicht.

Schauen Sie mit sehr freundlichen Augen auf sich selbst.

Nun füllen Sie lhren Geist mit folgenden Gedanken:

- Möge es mir gut gehen.
- Möge ich frei sein von Stress, Sorgen und Ängsten.
- Möge ich frei sein von Ärger und Feindseligkeiten.
- Möge ich frei sein von körperlichen und geistigen Leiden.
- Möge ich mit den Veränderungen des Lebens gut umgehen können.
- Möge es mir gut gehen.

Während Sie Ihren Geist in dieser Weise mit heilsamen Gedanken der ‚Liebenden Güte‘ anfüllen, wird er zu einem Gefäß, dessen Inhalt bereit ist, in alle Richtungen überzulaufen.

Stellen Sie sich nun einen Menschen vor, den Sie besonders gerne haben.

Spüren Sie das Gefühl, das sich da in Ihnen entwickelt und Ausdruck Ihrer Liebe zu diesem Menschen ist.

Senden Sie diesem Menschen die gleichen gefühlten Gedanken der Freundlichkeit und Liebe. Vielleicht spüren Sie eine innerliche Wärme. Achten Sie darauf.

Lassen Sie sich von dieser Wärme ganz ausfüllen.

Verabschieden Sie sich mit einem inneren Lächeln von diesem Menschen und halten Sie dieses Gefühl der Freundlichkeit in sich.

Senden Sie *Metta* an einen Menschen, der für Sie neutral ist. Ein Mensch, den Sie weder mögen noch nicht mögen, und verfahren Sie auch hier in der oben genannten Weise.

Zum Abschluss versuchen Sie Metta an einen Menschen zu richten, den Sie nicht mögen oder mit dem Sie eine Auseinandersetzung haben. Auch hier benutzen Sie die obengenannten Schritte mit dem Zusatz: ‚Ich empfinde keine Feindschaft gegen dich. Mögest auch du keine Feindschaft gegen mich empfinden!'

Die Vorstellungen sollten bildlich und die Gedankenprojektionen von Metta gezielt und mit klarer Absicht durchgeführt werden.

Sie sollten sich Zeit nehmen und diese Übung nicht mechanisch werden lassen.

In gleicher Weise können Sie auch weitere Gedanken übertragen, die das Glück anderer fördern sollen. Wie zum Beispiel: ‚Mögen Sie gesund bleiben, keine Schmerzen erleiden und glücklich sein. Mögen Sie die Freiheit von aller Leidhaftigkeit erfahren.'

Hinweise für Meditierende

Es gibt viele verschiedene Anratungen, mit welcher Haltung dem Abenteuer und Experiment Meditation begegnet werden kann. An dieser Stelle möchte ich einen erfahrenen Meditationsmeister zu Worte kommen lassen, Bhante Henepola Gunaratana, dessen Hinweise mich in seinem Buch: *„Die Praxis der Achtsamkeit"* in meiner eigenen Meditationspraxis schon viele Jahre begleiten.

Einstellung zur Meditation

„Innerhalb des letzten Jahrhunderts hat die westliche Wissenschaft und insbesondere die Physik eine aufregende Entdeckung gemacht. Wir sind Teil der Welt, die wir betrachten. Unser Beobachtungsverfahren selbst verändert die Dinge, die wir beobachten. Zum Beispiel ist ein Elektron ein äußerst winziger Gegenstand. Es kann ohne Instrumente nicht betrachtet werden, und diese Apparate bestimmen, was der Beobachter sehen wird. Wenn Sie ein Elektron auf die eine Weise anschauen, erscheint es als ein Partikel, ein harter, kleiner Ball, der auf hübsch geraden Bahnen umherspringt. Wenn Sie es auf eine andere Weise betrachten, scheint ein Elektron eine Wellenform zu sein, ohne dass irgendetwas Festes daran ist. Es leuchtet und zuckt auf der ganzen Linie. Ein Elektron ist eher ein Ereignis als ein Ding, und der Beobachter hat Anteil an diesem Geschehen gerade durch seinen oder ihren Beobachtungsprozess. Es gibt keine Möglichkeit, diese Interaktion zu vermeiden.

Die östliche Wissenschaft hat dieses grundlegende Prinzip seit sehr langer Zeit erkannt. Der Geist ist eine Serie von Ereignissen, und der Beobachter nimmt an jenen Ereignissen jedes Mal teil, wenn er nach innen schaut. Meditation ist teilnehmende Beobachtung. Was Sie sich ansehen, reagiert auf den Vorgang des Sehens. Worauf Sie schauen, das sind Sie, und was Sie sehen, hängt davon ab, wie Sie sehen. So ist der Vorgang der Meditation äußerst heikel, und das Ergebnis hängt völlig von der geistigen Verfassung des Meditierenden ab. Die folgenden Einstellungen sind wesentlich, um in der Praxis Erfolg zu haben. Die meisten davon sind zuvor dargelegt worden. Aber wir stellen sie hier noch einmal zusammen als eine Reihe von Regeln für die praktische Umsetzung.

1) Erwarten Sie nichts: Setzen Sie sich einfach zurück und sehen Sie, was passiert. Betrachten Sie das Ganze als ein Experiment. Zeigen Sie aktives Interesse an diesem Test selbst. Lassen Sie sich aber nicht ablenken von Ihren Erwartungen hinsichtlich der Resultate. Kümmern Sie sich aus diesem Grund um keinerlei Ergebnisse. Lassen Sie die Meditation in ihrem eigenen Tempo und in ihre eigene Richtung vorangehen. Lassen Sie zu, dass die Meditation Ihnen das beibringt, was sie Sie lernen lassen will. Meditative Bewusstheit sucht die Realität genau so zu sehen, wie sie ist. Ob das Ihren Erwartungen entspricht oder nicht, es erfordert eine zeitweise Aufhebung all unserer vorgefassten Meinungen und Ideen. Wir müssen unsere Bilder, Meinungen und Interpretationen für die Dauer der Sitzung aus dem Weg räumen. Sonst werden wir über sie stolpern.

2) Mühen Sie sich nicht ab: Erzwingen Sie nichts und machen Sie keine großartigen übertriebenen Anstrengungen. Meditation ist nicht aggressiv, es gibt in ihr kein gewaltsames Kämpfen. Ihr Bemühen sollte ganz einfach entspannt und ruhig sein.

3) Beeilen Sie sich nicht: Es besteht kein Grund zur Eile, nehmen Sie sich daher Zeit. Lassen Sie sich auf ein Kissen nieder und sitzen Sie, als ob Sie den ganzen Tag zur Verfügung hätten. Alles wirklich Wertvolle braucht Zeit zur Entwicklung. Geduld, Geduld, Geduld.

4) Hängen Sie an nichts und weisen Sie nichts zurück: Lassen Sie kommen, was kommt, und stellen Sie sich darauf ein, was auch immer es ist. Wenn gute geistige Bilder auftauchen, ist das in Ordnung. Wenn schlimme geistige Bilder auftauchen, ist das auch in Ordnung. Betrachten Sie alles als gleich und machen Sie es sich gemütlich bei allem, was auch immer geschieht. Kämpfen Sie nicht mit dem, was Sie erfahren, beobachten Sie einfach alles mit Achtsamkeit.

5) Lassen Sie los: Lernen Sie mit all den Veränderungen zu fließen, die aufkommen. Werden Sie locker und entspannen Sie.

6) Nehmen Sie alles an, was auftaucht: Akzeptieren Sie Ihre Gefühle, selbst die, die Sie nicht haben wollen. Akzeptieren Sie Ihre Erfahrungen, selbst die, die Sie hassen. Verurteilen Sie sich nicht, weil Sie Fehler und Schwächen haben. Lernen Sie alle Phänomene, die im Geist auftauchen, als vollkommen natürlich und verständlich zu betrachten. Versuchen Sie ein unvoreingenommenes Akzeptieren zu üben, jederzeit und im Hinblick auf alle Erfahrungen.

7) Gehen Sie sanft mit sich um: Seien Sie freundlich zu sich. Sie mögen nicht vollkommen sein, aber Sie sind alles, woran Sie zu arbeiten haben. Der Prozess, zu werden, der oder die Sie sein wollen, beginnt zuerst mit dem völligen Annehmen dessen, der oder die Sie sind.

8) Erforschen Sie sich selbst: Hinterfragen Sie alles. Betrachten Sie nichts als selbstverständlich. Glauben Sie nichts, weil es weise und fromm klingt und irgendein Heiliger es gesagt hat. Sehen Sie selbst. Das bedeutet nicht, dass Sie zynisch, unverschämt oder respektlos sein sollten. Es heißt, dass Sie sich auf Ihre Wahrnehmung beziehen sollten. Unterziehen Sie alle Feststellungen der konkreten Überprüfung durch Ihre eigene Erfahrung und lassen Sie die Ergebnisse Ihr Führer zur Wahrheit sein. Einsichtsmeditation entwickelt sich aus einem inneren Verlangen heraus, wach zu werden für das, was wirklich ist, und befreiende Einsicht zu gewinnen in die wahre Struktur der Existenz. Die ganze Praxis hängt von dieser Sehnsucht ab, zur Wahrheit zu erwachen. Ohne sie ist die Praxis oberflächlich.

9) Betrachten Sie alle Probleme als Herausforderungen: Sehen Sie das Negative, das auftaucht, als Gelegenheit zu lernen und zu wachsen. Laufen Sie nicht davon, verdammen Sie sich nicht, und verbergen Sie Ihre Bürde nicht in heiligem Schweigen. Sie haben ein Problem? Großartig. Mehr Wasser auf die Mühle. Freuen Sie sich, gehen Sie ran, und untersuchen Sie es.

10) Grübeln Sie nicht: Sie brauchen sich nicht alles auszudenken. Weitschweifiges Denken wird Sie nicht aus der Falle befreien. In der Meditation wird der Geist auf natürliche Weise durch Achtsamkeit gereinigt, ohne Worte, durch reine Aufmerksamkeit. Gewohntes Überlegen ist nicht nötig, um die Dinge auszumerzen, die Sie in Knechtschaft halten. Alles, was man braucht, ist eine klare, vorbegriffliche Wahrnehmung davon, was sie sind und wie sie wirken. Das allein genügt, um sie aufzulösen. Konzepte und verstandesmäßiges Denken stehen nur im Weg. Denken Sie nicht. Sehen Sie.

11) Verweilen Sie nicht bei Gegensätzen: Unterschiede existieren wirklich unter den Menschen, aber sich dabei aufzuhalten, ist ein gefährlicher Prozess. Wenn man nicht sorgsam damit umgeht, führt er direkt zu Ich-Bezogenheit. Gewöhnliches menschliches Denken ist voll von Gier, Eifersucht und Stolz. Ein Mann, der einen anderen Mann auf der Straße sieht, mag unmittelbar denken: „Er sieht besser aus als ich." Das sofortige Ergebnis ist Neid oder Scham. Ein Mädchen, das ein anderes Mädchen sieht, mag denken: „Ich bin hübscher als sie." Das sofortige Ergebnis ist Stolz. Diese Art von Vergleich ist eine geistige Gewohnheit, und sie führt direkt zu schlechtem Gefühl der einen oder anderen Art: Gier, Neid, Stolz, Eifersucht, Hass. Es ist ein unheilsamer geistiger Zustand, aber wir verhalten uns die ganze Zeit so. Wir vergleichen unser Aussehen mit anderen, unseren Erfolg, unsere Leistungen, unseren Reichtum, Besitz oder IQ, und all dies führt zum gleichen Zustand – Entfremdung, Schranken zwischen Menschen und ungute Gefühle.

Die Aufgabe des Meditierenden besteht darin, diese unkluge Gewohnheit aufzugeben, indem er sie gründlich untersucht und dann durch eine andere ersetzt. Statt auf die Unterschiede zwischen sich und anderen zu achten, übt der Meditierende sich darin, Ähnlichkeiten festzustellen. Er konzentriert seine Aufmerksamkeit auf jene Faktoren, die universell sind für alles Leben, Aspekte, die ihn anderen näher bringen werden. So führt sein Vergleichen, wenn es das überhaupt ist, eher zu Gefühlen von Verwandtschaft als zu Gefühlen der Entfremdung.

Atmen ist ein universeller Prozess. Alle Wirbeltiere atmen im Wesentlichen auf die gleiche Art. Alle lebenden Wesen tauschen auf die eine oder andere Art Gase mit ihrer Umgebung aus. Dies ist einer der Gründe dafür, dass die Atmung als zentrales Objekt für die Meditation gewählt wird. Dem Meditierenden wird empfohlen, den Prozess seiner eigenen Atmung zu erforschen, als Mittel, seine eigene natürliche Verbundenheit mit allem übrigen Leben zu erkennen. Dies bedeutet nicht, dass wir unsere Augen verschließen vor all den Unterschieden um uns herum. Unterschiede sind da. Es bedeutet einfach, dass wir Gegensätze nicht hervorheben und die allgemein gültigen Faktoren betonen, die uns gemeinsam sind. Das empfohlene Verfahren ist folgendes: Wenn wir als Meditierende irgendein sensorisches Objekt wahrnehmen, sollen wir nicht auf die übliche egoistische Weise dabei verweilen. Wir sollten besser den Wahrnehmungsprozess selbst beobachten. Wir sollten beobachten, was dieses Objekt in unseren Sinnen und unserer Wahrnehmung bewirkt. Wir sollten die Gefühle beobachten, die auftauchen, und die geistigen Aktivitäten, die folgen. Wir sollten die Veränderungen bemerken, die sich in unserem eigenen Bewusstsein als Folge ereignen. Beim Beobachten all dieser Phänomene müssen wir uns der Universalität dessen bewusst sein, was wir sehen. Die ursprüngliche Wahrnehmung wird angenehme, unangenehme und neutrale Gefühle auslösen. Das ist eine universelle Erscheinung. Sie ereignet sich im Geist anderer genauso wie in unserem eigenen, und wir sollten das klar sehen. Folgt man diesen Gefühlen, können verschiedene Reaktionen auftauchen. Wir können Begierde, Lust oder Eifersucht spüren. Wir können Furcht, Besorgnis, Unruhe oder Langeweile empfinden. Diese Reaktionen sind universell. Wir bemerken sie einfach und verallgemeinern sie dann. Wir sollten erkennen, dass diese Reaktionen normale menschliche Antworten sind und in jedem entstehen können.

Diese Art von Vergleich anzustellen mag zuerst erzwungen und künstlich erscheinen, aber es ist nicht weniger natürlich als das, was wir gewöhnlich tun. Es ist uns bloß nicht vertraut. Durch Übung ersetzt dieses Verhaltensmuster unsere normale Gewohnheit egozentrischen Vergleichens und kommt uns dann auf lange Sicht weitaus natürlicher vor. Als Folge werden wir sehr verständnisvolle Menschen. Wir regen uns nicht länger auf über die ‚Schwächen‘ anderer. Wir kommen voran in Richtung Harmonie mit allem Leben."

Einige dieser Hinweise möchte ich hier erläutern:

Akzeptiere, was ist

Es gibt Lebensereignisse, die uns nicht erfreuen, die wir gerne anders hätten, als sie uns das Leben präsentiert.

Beginnen wir beim Wetter: Obwohl ich gerne Sonnenschein hätte, regnet es. Ich könnte mich darüber ärgern, aufregen oder schimpfen, das Wetter bleibt so, wie es ist. Es ist ein unabänderliches Ereignis, an dem ich nichts berichtigen kann.

Dann gibt es andere Ereignisse wie Schmerzen oder Krankheiten, Konflikte mit Mitmenschen oder Nachrichten, die uns sehr erschüttern. Auch dies sind Dinge, die wir nicht immer beeinflussen oder verändern können. Natürlich gehen Sie zum Arzt, wenn Sie eine Krankheit haben, oder Sie versuchen die Konflikte mit Mitmenschen zu lösen.

Ich meine hier die wirklich unausweichlichen Ereignisse, die Sie akzeptieren müssen, ob es Ihnen nun passt oder nicht.

Wo können Sie in Ihrer Lebenssituation diese Haltung des *Akzeptierens, was ist,* eine totale Annahme dessen, was ist, bewusst einnehmen, bewusst den Widerstand aufgeben und Ja sagen, nicht kämpfen?

Betrachten Sie es als ein Experiment.

Sie gefallen sich nicht? Finden sich zu übergewichtig? Sagen Sie doch einfach mal JA dazu!

Ihr Nachbar oder Arbeitskollege hat Dinge an sich, die Sie nicht mögen? Sie stehen in einem Stau und ärgern sich darüber? Das Wetter ist anders, als Sie es gerne hätten? Sagen Sie einfach mal JA dazu.

Um es nochmal zu betonen: Betrachten Sie es als ein Experiment für eine bestimmte Zeit. Danach können Sie auch gerne alles wieder so machen wie vorher.

Das Gleiche gilt für die inneren Bewegungen Ihrer Gefühle und Gedanken.

Mit dieser akzeptierenden Haltung dürfen auch der stärkste Ärger, Neid, Eifersucht, Trauer und Wut in Ihrem Geist entstehen.

Was passiert, wenn Sie einfach ja sagen und diesen Gefühlen Platz einräumen? Beobachten Sie, was passiert, wenn Sie diese Erlaubnis geben.

Können Sie den Raum entdecken, der zwischen Ihnen und der jeweiligen Emotion entsteht? Welche Gedanken denken Sie, welche Inhalte haben sie?

Manchmal erschrecken Sie vielleicht vor den eigenen Gedanken. Aber auch hier die Einladung: Sie dürfen da sein, egal wie schrecklich sich manche anfühlen.

Bemerken Sie auch, wenn Sie sich selbst bewerten oder verurteilen. Geben Sie Erlaubnis, dass all diese Dinge in Ihr Bewusstseinsfeld kommen dürfen! Empfangen Sie all das und beobachten Sie, wie lange sich dieses Gefühl und jener Gedanke halten können, wenn Sie sie auf diese Weise begrüßen und ihnen Raum geben.

Ich lade Sie ein, mit folgendem kleinen Satz zu experimentieren: *Ich habe all das, aber bin ich es auch?*

Das kann sich auf ihre Emotionen, Reaktionsweisen, Gedanken, Gewohnheiten und Meinungen beziehen.

Das haben Sie auch schon bemerkt: Der schlimmste Gedanke, das schönste oder schmerzlichste Gefühl, das kommen kann, geht auch wieder, aber Sie leben weiter.

Vielleicht wird aus der obigen Frage dann die Gewissheit: *Ich habe all diese Dinge, aber ich bin sie nicht!*

(Wir kommen an der großen, letztendlichen Frage nicht vorbei: Wer bin ich eigentlich wirklich? Zu welcher Antwort werden Sie kommen?)

Geduld

Ohne diese Qualität geht wirklich nichts.

Ungeduldige Menschen ziehen an Blumen, damit sie schneller wachsen, und zerstören sie so. Sie brüllen ihre Mitmenschen an, weil etwas nicht schnell genug geschieht, beenden frühzeitig Ihre Projekte, weil keine schnellen Resultate folgen.

Sie beginnen immer wieder etwas Neues und brechen es wieder ab.

Ja, eine Blume braucht ihre Zeit, um zu blühen.

Andere Menschen bewegen sich nicht in unserem Rhythmus, sondern in ihrem eigenen.

Mit der Achtsamkeits-Meditation ist es ähnlich: Es gibt keine Eins-zu-eins-Resultate.

Es ist eher wie das Aufziehen einer Pflanze. Was Sie tun können, ist, ihr Wasser geben, sie düngen und das ‚Unkraut‘ fernhalten.

Ob Sie wollen oder nicht, Sie müssen Vertrauen haben, dass sie wächst, und den Prozess ungestört geschehen lassen. Und siehe da, die Blüte kommt von ganz alleine.

Erwartungslos

Tun wir etwas, erwarten wir Resultate. Das ist natürlich, entspricht der Natur unseres Menschseins. Erwartungen haben aber auch einen Partner an der Hand, der den Namen Enttäuschung trägt. Wenn Sie sich den Übungen zur Achtsamkeit und Meditation annähern und widmen, stellen Sie Ihre Erwartungen für eine Weile ‚einfach‘ mal zur Seite.

Führen Sie diese Übungen so erwartungsfrei wie möglich durch.

Erwartungen schauen auf Ergebnisse, die wir uns erhoffen, aber sie versperren auch den Weg für die Dinge, die sich vielleicht zeigen möchten.

Bei all den Übungen zur Achtsamkeit und Meditation sind Sie eingeladen, für einen bestimmten Zeitraum Ihre Erwartungen zwar zu registrieren, sie dann aber zur Seite zu stellen.

Die Qualität des Anfängergeistes ist hier gefragt. Eine Haltung, die immer wieder frisch, interessiert und neugierig die Erlebnisse empfängt und sie nicht mit ähnlichen Erfahrungen aus der Vergangenheit vergleicht. Das mag sich ungewohnt anfühlen.

Vertrauen Sie auf den Prozess!

Anfängergeist

In vielen buddhistischen Traditionen wird die Haltung des Anfängergeistes betont.

Was macht einen Anfänger aus?

Er steht einem neuen Thema oder einer neuen Erfahrung gegenüber.

Er ist unvoreingenommen und begegnet dem Neuen mit Interesse und Neugierde.

Methoden, Verfahren und Wege sind dem Anfänger noch nicht bekannt. Das Ausmaß der möglichen Erfahrung auch nicht.

Es gibt in ihm noch einen unbesetzten Raum, eine Weite, die wissen will.

Vergleiche sind noch nicht möglich. Eine interessierte Bereitschaft, zu lernen und aufzunehmen, ist spürbar. Eine Haltung, Erfahrungen aufmerksam hereinzulassen, um sie für sich zu überprüfen.

Besonders im Bereich der Meditation und Achtsamkeit ist es hilfreich und wichtig, diese Haltung des Anfängers einzunehmen und zu bewahren.

So wie Messer, Gabel und Löffel nur die Werkzeuge sind, um das Essen zu ‚transportieren‘, sind Methoden und Techniken von Meditation und Kontemplation nur Werkzeuge, um sich der Wahrheit anzunähern. Ganz im Sinne der Worte von Krishnamurti, der einmal sagte: ‚Die Wahrheit ist ein pfadloses Land‘.

Besonders sogenannte Professionelle sollten sich immer wieder an diese Haltung des Anfängergeistes erinnern. Menschen, die sich diese Haltung des Anfängers bewahren, schützen sich vor eingeschliffenen Verhaltensmustern, beharren nicht auf ihrer Methode oder dem Lehrstil ihres Lehrers, sondern sind offen, Neues zu erfahren und zu überprüfen.

Nichtbewerten

Bewerten und Unterscheiden sind zwei verschiedene Vorgänge. Bewertungen entstehen aus meinen persönlichen Vorlieben heraus, Unterscheidungen aus einer funktionellen Notwendigkeit: Sie essen nur die Suppe, aber den Löffel nicht. Wenn es kalt ist, heizen Sie, und Sie essen, wenn Sie hungrig sind. In Deutschland fahren Sie auf der rechten, in England auf der linken Seite mit Ihrem Auto.

Aber kennen Sie das?

Sie stehen im Supermarkt in der Schlange an, liegen im Schwimmbad auf der Wiese oder laufen eine Straße entlang und betrachten Ihre Mitmenschen.

Eine Instanz in Ihnen fängt plötzlich an, bewertende Meinungen zu bilden:

Was hat die denn an? Wie läuft der denn rum? Wie sieht die denn aus? und so weiter.

Werden Sie sich dieses Bewertens voll bewusst, lernen Sie es kennen!

Verurteilen Sie sich nicht dafür. Menschen bewerten andere Menschen, das ist halt so.

Aber bemerken Sie auch, wie dieses Bewerten Sie von den anderen innerlich trennt? Wie es manchmal sogar schmerzhaft ist?

Experimentieren Sie mal damit:

Wenn nun diese innere Stimme wieder einmal sagt: Wie sieht der denn aus und wie läuft die denn rum...?, setzen Sie diesem „negativen" Gedanken einen „positiven" entgegen. Sie könnten darüber reflektieren, dass dieser Mensch auch nur ein glückliches Leben führen möchte, dass er in seinem Leben auch Schwierigkeiten ausgesetzt sein wird und dass auch er seine Kinder liebt. Er ist nicht perfekt, wird auch einmal krank werden oder eines Tages von seinen Lieben getrennt sein. Und schließlich wird auch dieser Mensch dem Leiden des Sterbens und des Todes begegnen müssen, genau wie wir. Schauen Sie, was passiert, wenn Sie diese Gedanken entwickeln.

Ist Ihnen schon einmal aufgefallen, dass Sie sich von anderen in gleicher Weise bewertet fühlen, wie Sie diese bewerten?

(Ich glaube, dass Jesus das mit dem Satz meinte, als er sagte: *,Richte nicht, damit du nicht gerichtet wirst.'*)

Die fünf Hindernisse

Üben wir uns in Meditation, werden unsere Gedanken und Gefühle deutlicher. Der Geist versucht, die Achtsamkeit auf ein Objekt zu richten, zum Beispiel auf den Atem, und sie dort zu halten.

Besonders bei der Meditation werden Störungen deutlich, die unsere Konzentration erschweren. In der buddhistischen Lehre werden „Fünf Hindernisse" benannt.

Es gibt Kräfte, wie Gier, Hass und Verblendung, die Herzenstrübungen. Sie sind instinktiv in uns angelegt, bilden sich im Laufe des menschlichen Lebens heraus. Diese Kräfte ,springen' uns geradezu an, sind sehr deutlich spürbar.

Es gibt aber auch Kräfte, die nicht so leicht zu erkennen sind: gedankliche Inhalte.

Da sie ständig anwesend sind, nehmen wir sie nicht sofort wahr, erkennen nicht, dass ihre Anwesenheit ein Hindernis in unserem Bewusstseinsraum darstellt.

Gedanken hindern uns daran, den Geist auf unser Meditationsobjekt gerichtet zu halten.

Diese Bewegungen des Geistes sind für uns so normal, dass

sie uns gar nicht mehr auffallen. Genau betrachtet drehen sie sich nur um diese fünf Inhalte:

Wir gehen entweder freudvoll auf etwas zu, lehnen es ab, bezweifeln es oder beschäftigen uns mit der Vergangenheit oder der Zukunft.

Der Geist wird ständig bewegt, gefärbt, gestört.

Während der Meditation versuchen wir den Geist anzuhalten, weisen ihn in Schranken, was jedoch nicht immer gefällt.

Die Teilnehmerin eines Kurses zum Beispiel war während der Meditation plötzlich der Meinung, sie müsse jetzt unbedingt ein heißes Bad nehmen, und zwar sofort.

Was passierte hier?

Ein Hindernis war hier am Wirken. Um den Geist über ein unangenehmes Gefühl zu retten, bot es ihm etwas sehr Angenehmes an.

Diese gedanklichen Bewegungen des Geistes, die Hindernisse für den Meditierenden darstellen, werden im Folgenden aufgelistet.

Das erste Hindernis, *Kamachanda:* Sinnenlust, sinnliches Begehren oder ‚freudvolles Zugehen auf etwas'.

Dieses Hindernis entfernt uns von dem Meditationsobjekt.

Vor Jahren in Thailand übte ich mich gerade in der Gehmeditation und merkte nach zwanzig Minuten, dass ich die ganze Zeit nur eine Sache im Kopfe hatte: Rittersport Joghurt Schokolade. Ich genoss sie gedanklich in vollen Zügen, mit allen Sinnen: Hörte das Knacken der Verpackung beim Öffnen, schmeckte die Schokoladenummantelung und den weißen Inhalt nach dem Ablutschen der Schokolade …

Und dann merkte ich, hey, das ist ja das erste Hindernis!

Es kann alle möglichen Formen des sinnlichen Erfahrens annehmen.

Es ist nichts falsch oder unmoralisch daran, diesen Gelüsten nachzuhängen, aber wichtig zu sehen, was da passiert, und sich die Frage zu stellen, ob ich das jetzt überhaupt will?

Es wird verglichen mit vielen bunten Farben, die man in Wasser schüttet.

Wasser steht als Symbol für den Geist, die Farben stehen für die verschiedenen Sinneseindrücke.

Der Geist sucht nach angenehmem Erleben, weil er kurzfristig in ein ‚Loch' gefallen ist.

Das zweite Hindernis, *Vyāpāda,*: Übelwollen, Ablehnung.
Dieser Geistzustand ist das Gegenteil des ersten: eine ablehnende Haltung im weitesten Sinne, Ärger und Hass in ihren verschiedensten Ausprägungen.

Der Geist geht in den Zustand der Ablehnung und des Widerstands.

Während einer Gehmeditation kam mir einmal ein fünf Jahre zurückliegender Streit mit einem Mönch in den Sinn. In dieser Situation konnte ich es sehr schnell erkennen und musste mich nicht noch einmal in diese Geschichte hineinziehen lassen.

Jemand kommt in den Meditationssaal und schlägt die Türe laut zu.

Ablehnung, Widerstand und Verärgerung können in unserem Geist entstehen. Der Geist nimmt diesen Dingen gegenüber eine ablehnende Haltung ein.

Wenn dieses Hindernis am Wirken ist, sind wir immer in der Ablehnung, im Widerstand mit einem verärgerten Gemüt.

Auch hier ist es wichtig: Wir erkennen diesen Geistzustand, benennen ihn und verstehen, was da gerade passiert.

Verglichen wird dieser Geisteszustand hier mit heißem, brodelndem, kochendem Wasser.

Das dritte Hindernis, *Tinamidha*: Stumpfheit und Mattheit, Starrheit, Trägheit oder Müdigkeit des Geistes.

Hier kann der Geist nicht bei einer Sache bleiben oder sich an etwas erfreuen. Es entsteht Langeweile. Er entzieht sich durch Müdigkeit.

Die Bewusstheit entfernt sich vom Meditationsobjekt.

Verglichen wird dieser Zustand des Geistes mit Wasser, das mit Moos und Algen durchwachsen ist, eine wabbelige Masse.

Das vierte Hindernis, *Udduccha Kukuccha,*: Ruhelosigkeit und Aufgeregtheit, Aufgewühltheit, Sorge, Gewissensunruhe.

Hier geht der Geist sowohl in die Zukunft als auch in die Vergangenheit.

Es können Geschichten aus der Vergangenheit erinnert werden, man bereut vielleicht etwas, was man getan hat.

Es kann ein Gefühl von Versäumnis entstehen, man beginnt sich selbst zu kritisieren. Schuldgefühle entstehen: „Hätte ich dies mal lieber so, jenes mal besser anders gemacht ..."

Mit solchen fruchtlosen Was-wäre-wenn-Geschichten, kann sich unser Geist sehr lange aufhalten.

In die Zukunft gehend wird der Geist von Sorgen und Ängsten geplagt, schmiedet Pläne, entwickelt Wünsche und Vorstellungen, mit denen er die Zukunft bunt ausmalt.

Das geht in alle Richtungen, in die positive wie in die negative.

Eine Zukunft, die ungewiss ist, in der nichts wirklich sicher ist, über die ich keine Kontrolle habe.

Dieser Geisteszustand wird verglichen mit Wasser, das ständig vom Wind aufgewühlt und in Bewegung gehalten wird.

Das fünfte Hindernis, *Vicikiccha*: der skeptische Zweifel.
Es gibt eine Qualität in uns, die alles anzweifelt.

Zweifel an sich ist eine gute Sache und Buddha lobte ausdrücklich die Schüler, die nicht glaubten, was er sagte. Jeder sollte die Aussagen überprüfen, damit sie nicht nur geglaubt, sondern selbst erfahrbar werden konnten.

Skeptische Zweifler allerdings wissen schon vorher, wie etwas ist, oder wie es nicht ist, ohne dass sie das Angebotene je ausprobiert hätten, um zu einem Urteil zu kommen.

Verglichen wird dieser Zustand mit Wasser in der Dunkelheit.

Wenn Sie Ihre Gedanken im Alltag beobachten, werden Sie ab und an feststellen, dass Sie sich mit einem dieser fünf oben genannten Inhalte beschäftigen.

In der Meditation wird das besonders deutlich, weil wir hier versuchen, den Geist von diesen Bewegungen abzuziehen, ihn zur Ruhe kommen zu lassen.

Aus diesem Grund werden diese Gedanken als Hindernisse für die Meditation bezeichnet.

Sind in der Meditation diese Hindernisse abwesend, fühlt sich der Geist gesammelt, freudvoll und konzentriert an.

Aus dieser Konzentriertheit auf das Meditationsobjekt kann ein tiefes Verständnis erwachsen.

Das Entwickeln von Achtsamkeitsübungen im Alltag

Neben den formellen Übungen, der Sitz- und Gehmeditation, können wir Achtsamkeit auch im Alltag entwickeln. Sie in einem herausfordernden Alltag aufrechtzuerhalten, mag sich schwierig gestalten.

Aus dem Beobachten unserer Tagesabläufe können wir sehen, dass wir immer nur eine Sache nach der anderen machen können. Wir bemerken aber auch dann, dass die Gedanken oft ganz woanders sind.

Um dem Geist nicht die Möglichkeit zu geben, ständig dieser Tendenz zu folgen, brauchen wir einen Bezugspunkt für ihn.

Während der Sitzmeditation ist das der Atem oder ein anderes Meditationsobjekt.

Im Alltag ist mein Bezugspunkt genau das, was ich gerade tue.

Es geht hier darum, das Denken und den Verstand als wichtige Werkzeuge wertzuschätzen, aber auch zu registrieren, wann das Denken meinen Geist mit uneingeladenen Inhalten füllt.

Im Alltag können Sie das Denken ganz bewusst auf die Dinge ausrichten, die Sie gerade tun.

Beispiel Duschen:

Machen Sie sich Ihre Absicht des Duschenwollens klar.

Werfen Sie vielleicht auch einen Gedanken darauf, warum Sie jetzt duschen wollen oder müssen, und nehmen Sie sich vor, jeden einzelnen Schritt mit Ihrer gesamten Aufmerksamkeit zu begleiten.

Beim Ausziehen der Kleidung spüren Sie, wie die Kleidung über Ihre Haut streift.

Der Schritt in die Duschkabine, die erste Berührung des Wassers auf der Haut, der Griff nach dem Duschgel …

Spüren Sie zwischendurch Ihren Atem. Wie bewegt sich Ihr Körper beim Duschen, welche Empfindungen werden deutlich?

Bemerken Sie die Gedankenflut, die sich einen Weg zu Ihrer Aufmerksamkeit bahnen möchte. Registrieren Sie kurz die Inhalte: Ist etwas dabei, was für mich wichtig ist?

Merken Sie sich das oder nehmen Sie sich vor, es später aufzuschreiben. Wenden Sie die Aufmerksamkeit wieder dem zu, was Sie gerade tun.

Sie beschließen das Duschen zu beenden: Sie treten aus der Kabine, trocknen sich ab und ziehen Ihre Kleider wieder an.

Stellen Sie an dieser Stelle auch fest, dass das Duschen einen Anfang, eine Mitte und ein Ende hatte.

Das alles mag sich kompliziert anhören; Sie werden sich anfangs vielleicht frustriert fühlen, wenn der Geist nach einigen Sekunden gewohnheitsmäßig abschweift, aber Sie können immer wieder neu beginnen. Es gibt hier nichts zu erreichen, nichts zu tun oder zu leisten.

Und: Sie müssen nicht perfekt sein!

Vielleicht können Sie auch immer mal über diesen oder jenen Gedanken lachen, und zwar laut, ja, so soll es sein!

Diese Übungen sollen Spaß und Freude machen, auch wenn manche Gedanken zum Gruseln sind. Sie brauchen ‚einfach‘ nur mit dem zu sein, was Sie gerade tun.

Entwickeln Sie Ihre eigenen Methoden der ‚begleitenden Beobachtung‘.

Lassen Sie das Kochen, Zähneputzen, einen Spaziergang, Wäsche aufhängen oder den Gang zur Toilette zu einer Achtsamkeitsübung werden.

Minimeditationen

Minimeditationen sind sehr kurze, überschaubare Achtsamkeitsübungen.

Sie müssen sich nur dafür entscheiden und können sie ganz spielerisch angehen.

Ein Beispiel:

Beim Verlassen des Hauses entscheiden Sie sich, die Wegstrecke von der Haus- bis zur Autotür sehr achtsam zu gehen.

Schauen Sie, was Sie entdecken: ein Papierschnipsel vor Ihren Füßen, eine Blüte, die gestern noch nicht da war. Ein freundlicher Blick Ihrer Nachbarin über den Gartenzaun und Ihre Reaktion darauf. Dann erreichen Sie die Autotür, schließen sie auf. Ihr Geist gleitet vielleicht wieder in die gewohnten Bahnen.

Es mag sein, dass der Geist einen gewissen Widerwillen entwickelt, sich in die Schranken des gegenwärtigen Moments zwingen zu lassen. Vielleicht finden Sie aber auch Gefallen an den Minimeditationen, so dass Sie diese immer mehr entwickeln möchten.

Seien Sie freundlich mit sich selbst, erlauben Sie Ihrem Geist, seinen Gewohnheiten zu folgen, und nehmen Sie die nächste Gelegenheit für eine solche kleine Übung wahr: etwa beim Gang zur Toilette, beim Blick aus dem Fenster; ein kurzes Gespräch, der Griff zur Teetasse, das Verändern einer Körperhaltung, eben genau das, was Sie normalerweise unbewusst tun.

Lassen Sie sich nicht entmutigen, wenn es nicht gleich klappt.

Der Sinn von Übungen ist der, dass man sie übt.

Achtsamkeitsübungen verbinden uns mit unserer inneren Mitte, die wir nur allzu oft verlassen, weil wir von den Dingen des Alltags überwältigt werden, von unseren Aufgaben, den Problemen und all den Verstrickungen, denen wir ausgesetzt sind.

Zur nochmaligen Verdeutlichung diese Metapher:

Eine Spinne kehrt immer wieder in das Zentrum ihres Netzes zurück.

Ajahn Chah verglich den wachen Geist mit einer Spinne und ihrem Netz. ‚Wenn ein Insekt sich im Netz einer Spinne verfängt, wickelt sie es ein und begibt sich wieder zurück ins Zentrum. Zu einem späteren Zeitpunkt wird sie sich diesem Insekt wieder zuwenden, und zwar dann, wenn sie Hunger hat.‘

Unser Geist ist vergleichbar mit dem Netz, die Insekten mit all den Sinneseindrücken, die Spinne mit der Achtsamkeit.

Sie weiß, was gerade passiert und was zu tun ist.

Achtsamkeits-Meditationen helfen, unser Zentrum, den ‚Raum der Mitte‘, wiederzufinden, ihn zu erkunden und mit ihm vertraut zu werden.

Raum meint auch das Dazwischen, Weite, Abstand, Ruhe, Entspannung, egal wie viele ‚Insekten‘ sich da verfangen haben.

In diesem Zwischen-Raum ist das zu finden, was vorher nicht sichtbar war: das ruhige Auge der Orkans. Stille, Weisheit und intuitive Einsicht, ein Verständnis über die Dinge, wie sie wirklich sind.

Der Empfänger in Ihnen

Buddha empfahl einst einem wandernden Asketen: ‚Wenn du etwas siehst, dann lasse einfach nur das Sehen geschehen, wenn du hörst, belasse es einfach beim Hören, wenn du schmeckst, belasse es beim Schmecken, wenn du riechst, belasse es beim Riechen, und wenn du empfindest, belasse es bei den Empfindungen.'

Man nimmt das Empfangen dieser Eindrücke einfach nur als den technischen Vorgang des Hörens, Sehens, Schmeckens, Riechens und Empfindens wahr, wie eine Antenne, die einfach nur empfängt, ohne auszuwählen .

Die am meisten beanspruchten Sinne in unserem Alltag sind die Augen und das Sehen, die Ohren und das Hören, die Körperempfindungen und das Spüren.

Diese Sinneswahrnehmungen können in Ihrem Meditationsalltag immer wieder zu einem Anker für die Gegenwart werden.

Hierzu einige Übungen und Experimente:

1. Einfach nur hören

Ob Sie gerade irgendwo gehen oder stehen, liegen oder sitzen:

Achten Sie einmal auf Geräusche, die gerade wahrnehmbar sind.

Akzeptieren Sie diese Geräusche, sie kommen und gehen.

Interpretieren Sie nicht, vergleichen Sie nicht, ordnen Sie sie nicht ein durch bewertende Gedanken. Bleiben Sie möglichst in dem rein beobachtenden, empfangenden Raum des „leeren" Geistes.

Beispiel: Sie gehen durch die Stadt. Stellen Sie sich bewusst darauf ein, und achten Sie für eine Wegstrecke von 100 m nur auf die Geräusche: Autogeräusche, Musik von irgendwo, redende Menschen, Vogelgezwitscher oder sonstige Geräusche.

Machen Sie sich im Vorfeld klar, dass Sie jetzt nur empfangen, ohne etwas mit diesen Eindrücken zu tun. Sie müssen sie nicht mögen und auch nicht ablehnen, Sie empfangen sie nur. Stellen Sie fest, dass Sie einen „inneren Freiraum" entdecken und für einen gewissen Moment halten können. Registrieren Sie aber auch, wann und wie die gewohnheitsmäßige Reaktion auf diese Eindrücke einsetzt. Vielleicht konnten Sie für einen kurzen Augenblick feststellen: *Es ist ganz still, nur Geräusche sind zu hören.*

2. Einfach nur sehen

Diesen Raum über Ihrer Schulter, die Stelle, an der sich Ihr Kopf befindet, nehmen Sie ihn einmal ganz spielerisch wahr. Stellen Sie sich vor, er wäre ein Schaufenster.

Dieser Raum ist eigentlich immer leer.

Er wird erst gefüllt mit Dingen, wenn Sie sie anschauen.

Solange Ihre Augen geschlossen sind, gibt es nichts in diesem Raum, er ist dunkel.

Öffnen Sie die Augen, wird der Raum plötzlich überflutet von Formen und Farben. Sie können förmlich erleben, wie die ‚Dinge' da hinein und wieder hinaus gehen.

Beziehen Sie sich in diesem kleinen Experiment bitte auf den Raum, nicht auf die Dinge.

Laufen Sie mit dieser Haltung ein paar Momente durch die Stadt oder den Wald.

Lassen Sie die Formen durch sich hindurchfließen und

bemerken Sie: Der Raum bleibt, die Formen aber kommen und gehen.

3. Einfach nur da sein

Sie sitzen irgendwo. Spüren Sie Ihren Körper: seine Schwere oder Leichtigkeit und seine Berührungen mit der Sitzunterlage.

Entspannen Sie ihn so.

Spüren Sie zunächst Ihr Gesäß und seine Auflagepunkte. Mit einer Ausatmung überlassen Sie dessen Gewicht der Schwerkraft, geben es einfach ab.

So wandern Sie durch Ihren Körper; rechtes und linkes Bein, beide Arme, Rücken, Schultern, Nacken.

Verfahren Sie bei jedem Körperteil auf die gleiche Weise: erspüren, wahrnehmen, loslassen.

Verweilen Sie an jeder Stelle nicht länger als fünf Atemzüge.

Sie richten zum Abschluss Ihre Aufmerksamkeit auf Ihr Gesicht, entspannen Stirn und Augen, lösen die Kiefergelenke, indem Sie den Mund leicht öffnen.

Was ich nicht kenne – kann ich nicht erkennen

Die Aussage dieses Satzes „Was ich nicht kenne, kann ich nicht erkennen" wird deutlicher, wenn man ihn umdreht. Ich kann in einem anderen nichts erkennen, was ich nicht schon von mir selbst kenne.

Vielleicht sind manche Eigenschaften, die ich bei anderen bewertend beobachte, „Qualitäten", die ich bei mir selbst nicht sehe, doch habe ich sie, in mehr oder weniger starker Ausprägung, auch in mir. Das „zu heftige" Reagieren mit Ärger oder die „übertriebene" Freude fällt mir bei meinem Gegenüber dann besonders auf, wenn ich selbst eine Tendenz zu solchen Reaktionen habe. Mein kritischer Blick auf den anderen spiegelt so zu sagen mich selbst.

Erkenne ich das, kann sich eine nivellierende Qualität in mir entwickeln, ein Verständnis für meine Mitmenschen und vor allem auch für mich selbst.

Es entsteht eine größere Akzeptanz für *alle* Qualitäten, die ich da entdecke. Besonders für die, die ich „eigentlich" unakzeptabel finde.

Der Geist verfängt sich in Bewertungen, Urteilen, Vergleichen verschiedenster Art. Ist er sich dessen nicht bewusst, kann das eine sehr trennende Wirkung haben; er distanziert sich, zieht sich zurück, ist sich seiner Verbundenheit mit „allem" nicht mehr bewusst.

Noch eine Übung für Sie:

Wenn Sie wieder einmal merken, dass Ihr Geist anfängt, eine ‚Qualität' Ihres Gegenübers zu erkennen und zu bewerten, dann lauschen Sie nach innen.

Stellen Sie fest, welche Bezeichnung, welches Etikett Sie ihr geben:

Bewundere oder verachte ich ihn deswegen? Kenne ich diese Qualität auch in mir? Wie stark ist sie in mir ausgeprägt? Wie schaue ich auf mich, wenn ich diese Qualitäten in mir entdecke? Kann ich diesem Gegenüber Akzeptanz entgegenbringen mit dem Wissen, dass diese Qualitäten nur durchlaufende Ereignisse und Energien sind?

Wenn Sie ins Bewundern kommen, einen Menschen hoch ansiedeln: Schauen Sie, ob Sie nicht auch diese Qualitäten haben, die Sie da bewundern.

Wenn Sie Verachtung spüren, schauen Sie, ob Sie nicht auch diese Qualitäten haben, die Sie da verachten. Inwieweit verändern diese Reflektionen Ihre Sichtweise auf Ihr Gegenüber und auf sich selbst? Bemerken Sie: *„Ich habe all diese Bewegungen im Geist, aber ich bin sie nicht!"* Sie bleiben in Ihrer Mitte, erhalten Ihre geistige Ruhe und lassen sich von der Außenwelt nicht länger als nötig in Beschlag nehmen.

Eine weitere Alltagssituation, in der Sie Ihre neu erworbene Achtsamkeit üben und vertiefen können, wäre das Einkaufen. Hier können Sie ganz nebenbei Ihren Geist beobachten, sich noch besser kennen lernen und Kontakt mit Ihren Mitmenschen halten, ohne sie ansprechen zu müssen. Bewerten ist ein mühsames Sich-Abgrenzen, Sich-Eingrenzen, Sich-Ausgrenzen.

In jedem Fall sind es Grenzen, die da ständig gezogen werden.

„Was ist Sünde?",
wurde ein weiser Mensch gefragt, und seine Antwort war:
„Alles, was wir tun, das uns von anderen trennt."

Supermarkt-Übung

Sie sind im Supermarkt und bemerken, wie die Gedanken anfangen zu beurteilen:

Der Dicke dort sollte mal eine Diät machen.

Die Mama da sollte ihr Kind nicht anschreien.

Was hat der denn für komische Schuhe an?

Kommt Ihnen das bekannt vor, dann haben Sie spätestens jetzt, an dieser Stelle des Buches, keine Lust mehr darauf.

Sie bemerken jetzt schon viel schneller, was da gerade in Ihnen passiert. Bemerken die Negativität und auch den Ärger, der sich da gerade auf den Weg macht. Vielleicht können Sie das auch körperlich spüren, bemerken, wie einseitig Sie gerade Ihre Mitmenschen betrachten. Sie lassen diese Gedanken noch eine Weile da sein, verstärken sie vielleicht sogar noch etwas. Ganz bewusst führen Sie gerade ein Experiment mit sich selbst durch. Sie erinnern sich an den Satz eines Indianers, der meinte, man solle einen anderen Menschen erst beurteilen, wenn man eine Meile in seinen Mokassins gelaufen ist.

Sie stellen die Gemeinsamkeiten fest, die Sie mit diesen Menschen haben: Sie wurden geboren und haben eine gewisse Lebensstrecke gelebt, genau wie sie. Da gab es Schmerz und Trauer, Verzweiflung und Angst, Probleme und andere Schwierigkeiten.

Jeder hier im Supermarkt hat das erlebt.

- Jeder hier möchte glücklich sein und hofft, dass das Leben es gut mit ihm meint.
- Jeder möchte Krankheiten vermeiden und wird sie doch eines Tages erleben müssen.
- Jeder möchte, dass es seinen Kindern und seinen Lieben gut geht.
- Jeder wird Getrenntsein von Menschen, die er liebt, erfahren müssen und wird mit Dingen konfrontiert, die er nicht mag.

Sie spüren die verbindende Qualität in sich, eine Art Mitgefühl und Verständnis, auch für den Dicken, die gestresste Mutter oder den, der ein paar Schuhe anhat, die Sie nicht mögen.

Sie erinnern sich an die Mettaübung, drehen noch eine Runde mit Ihrem Einkaufswagen und schicken diesen Menschen freundliche Gedanken:

- Möge es Dir gut gehen.
- Mögest Du frei sein von Stress, Sorgen und Ängsten.
- Mögest Du frei sein von körperlichen und geistigen Leiden.
- Mögest Du frei sein von Ärger und Feindseligkeiten.

- Wenn der ‚Wind der Unbeständigkeit' durch Dein Leben weht, mögest Du mit diesen Veränderungen gut umgehen können.
- Möge es Dir gut gehen.

Sie haben dann vielleicht ein Lächeln auf den Lippen und ein Gefühl von Verbundenheit stellt sich ein. Sie nutzen diesen Moment, um sich selbst das Gleiche zu wünschen. Sie wissen es längst, wir sind ja alle Brüder und Schwestern in Geburt, Alter, Krankheit und Tod.

Sie haben wieder zu Ihrer Mitte zurückgefunden!

Eine Übung für den Alltag, nicht nur im Supermarkt.

Kontemplation

… bedeutet allgemein Beschaulichkeit oder auch beschauliche Betrachtung. Kontemplation ist auch als mystischer Weg der westlichen Tradition bekannt. In der Regel wird durch ein kontemplatives Leben oder Handeln ein besonderer Empfindungszustand oder eine Bewusstseinserweiterung angestrebt. Eine kontemplative Haltung ist von Ruhe und sanfter Aufmerksamkeit auf einen Gedanken bestimmt und unterscheidet sich von der Meditation durch die dort angestrebte vollkommene Leere des Geistes. (Wikipedia)

In der Meditation soll vermieden werden, dass sich unbewusste Gedanken einschleichen, die unsere Aufmerksamkeit in ihre Geschichten hineinziehen.

Wir werden es nicht verhindern können, dass Gedanken

unseren Geist besuchen, jedoch werden wir uns dieser Bewegungen immer öfter bewusst sein. Manchmal werden nur Teile von Gedanken deutlich, Gedankenfetzen, wie ein Bild, eine Szene, Gesichter, Stimmen, alte Erinnerungen oder Vorstellungen. Daneben gibt es aber auch die komplexen, zusammenhängenden Gedanken, deren Abfolge sehr klar, sehr bewusst und absichtsvoll ist.

Kontemplation ist das Betrachten eines Themas in seiner Gesamtheit, ohne das Denken vordergründig zu bemühen.

In der buddhistischen Tradition werden verschiedene Kontemplationsobjekte angeboten, um eine Erkenntnis und Einsicht in die ‚wahre Natur der Dinge' zu erlangen.

Der Meditierende wird eingeladen, die Natur, das Wesen des eigenen Körpers zu verstehen, die Natur der Gefühle, der Gedanken, der Wahrnehmungen und die Zusammenhänge, die sich aus deren Wechselspiel mit der ‚Welt' einstellen. Diese ‚Dinge' wahrhaftig zu durchdringen, mit einem tiefen Verständnis, das aus dieser Betrachtung entstehen kann.

Die Hauptaufgabe bei der kontemplativen Betrachtung eines Themas übernehmen nicht nur das bloße Denken, sondern besonders andere Kräfte in uns: intuitive Einsicht, Einsichtsfähigkeit und innere Weisheit.

In verschiedenen mystischen Traditionen werden auch Lebensweisheiten von Lehrern oder ‚Heiligen' zu Themen von Kontemplation: ‚Ich lege mein Leben in Gottes Hand' oder ‚Sei immer achtsam, betrachte die Welt als leer und erkenne die wahre Natur deines Seins'.

Es kann hilfreich sein, all diese Anregungen, Betrachtungen und Kontemplation als Arbeitshypothesen zu betrachten. Gehen Sie kreativ mit den vorgestellten Methoden um, ohne die Ernsthaftigkeit aus den Augen zu verlieren.

Buddha empfahl, kontemplative Betrachtungen auf Dinge

oder Themen zu richten, zu denen wir immer auch einen direkten Zugang haben, wie unseren Körper, Gefühle und Empfindungen, unseren Geist in seinem momentanen Zustand oder verschiedene Geistesobjekte.

Er nannte diese Bezugspunkte „Grundpfeiler der Achtsamkeit".

Diese vier Grundpfeiler seien hier noch einmal genannt:

1. Achtsamkeit für den Körper

Richten Sie Ihre Aufmerksamkeit ganz auf Ihren Körper.

Holen Sie Ihren Körper gedanklich zu sich.

Machen Sie sich bewusst, dass Ihr Körper einem ständigen Veränderungsprozess unterworfen ist, wie abhängig er ist von äußeren Dingen wie Nahrung, Luft, Wärme und vielem anderen mehr. Vielleicht können Sie erkennen, dass er aus den vier Elementen Erde, Wasser, Feuer, Luft besteht. Können Sie sich als Kind, als Jugendlicher, als Erwachsener, als alter oder toter Mensch sehen?

Bleiben Sie bei den Bildern, die Ihnen Ihre innere Betrachtungsfähigkeit anbietet.

Sie bekommen eine Ahnung davon, was mit dem „Gesetz der Vergänglichkeit" gemeint ist.

Diese Erkenntnis hat Auswirkungen!

2. Achtsamkeit für Gefühle

Innere Reaktionen auf die Welt, mit der ich über die fünf körperlichen Sinne und den geistigen Sinn in Kontakt trete.

Es gibt angenehme, unangenehme und neutrale Gefühle. Gefühle verändern sich ständig, je nachdem, womit ich über meine Sinne gerade Kontakt habe und in welchen Lebenssituationen ich mich gerade befinde.

Welches Gefühl ist gerade in meinem Geist vordergründig spürbar? Wie entstand es?

Wann und wie ändert es sich? Sind auch noch andere Gefühle anwesend?

3. Achtsamkeit für Geisteszustände

Gedanken, Instinkte, verschiedene Gefühle und Bewertungen können sich zusammenbrauen, unser Gemüt in einen undefinierbaren Zustand versetzen, unseren Geist verwirren.

In einem solchen Zustand könnte man folgende Betrachtungen anstellen:

Ist mein Geist gerade gefärbt von Wollen oder Gier? Neid oder Geiz?

Empfinde ich Zorn, Wut, Empörung, Nachtragen oder Groll?

Ist es Stolz oder Empfindlichkeit, Starrsinn oder Heuchelei?

Wie fühlte sich mein Geist an, bevor diese „Herzenstrübungen" aufkamen, als er frei war von diesen Qualitäten?

In welchen Zeiten oder Situationen fühlt sich mein Geist weit und gesammelt, achtsam, konzentriert, leicht und frei an?

4. Achtsamkeit für Geistobjekte

Hier bemerkt man, ob eines der fünf Hindernisse gerade im Geist entstanden ist. Bestimmte Aspekte der Lehre werden betrachtet und kontempliert. Wie zum Beispiel die vier edlen Wahrheiten. Die Erscheinungen dieser Welt werden unter dem Gesichtspunkt der drei Daseinsmerkmale untersucht: Unbeständigkeit, Leidhaftigkeit und Unpersönlichkeit.

Es ist möglich, die Aufmerksamkeit auch auf andere Bereiche des Lebens zu richten.

Angenommen, Sie haben ein einseitiges Bild von einem Menschen, dann lassen Sie das Gesicht dieses Menschen vor Ihrem geistigen Auge entstehen, ohne über ihn nachzudenken. Lassen Sie all die Bilder, Gefühle, Sichtweisen und Geschichten, die mit diesem Menschen zu tun haben, vor dem inneren Auge entstehen.

Vielleicht kommen Seiten dieses Menschen zum Vorschein, die Sie noch nie gesehen, Aspekte, die Sie bisher nicht beachtet haben, Situationen oder Ereignisse seines Lebens, die Sie gefühlsmäßig nachvollziehen können,

Sie erkennen die Bedingungen und Bedingtheiten auch seines Lebens und fühlen die Parallelen zu Ihrem eigenen.

Diese Gemeinsamkeiten verbinden Sie mit diesem Menschen, stellen die Verbindung von Mensch zu Mensch wieder her.

Kontemplation der Unbeständigkeit und Vergänglichkeit

Gibt es irgendetwas in Ihrem Leben, das stabil bleibt und sich nicht verändert?

Betrachten Sie eine Blume, sowohl die Blüte als auch das Verblühte, die Freude und die Trauer, das Entstehen, Verweilen und Vergehen.

Betrachten Sie sich selbst und ein Foto von Ihnen, das einige Jahre alt ist.

Wo sind all die Gedanken und Gefühle, die Sie vor ein paar Stunden hatten?

Was gäbe es, das wert wäre, es zu sein, zu haben oder zu werden?

Wie wäre es, wenn Sie den immerwährenden naturgemäßen Veränderungen des Lebens Ihre ausdrückliche Erlaubnis und Zustimmung gäben?

Übungen zur Des-Identifikation:

Ich habe einen Körper, aber bin ich auch der Körper?
Ich habe Gefühle, aber bin ich auch die Gefühle?
Ich habe Gedanken, aber bin ich auch diese Gedanken?
Ich habe Wünsche, aber bin ich auch diese Wünsche?
Ich habe Meinungen und Vorstellungen, aber bin ich auch
diese Meinungen und Vorstellungen? Ich habe all diese
Dinge, aber bin ich sie auch?
Welche Attribute hänge ich an das „Ich bin... " ?

Kontemplation der fünf Hindernisse

1. Ein angenehmes Objekt und freudvoll darauf zugehen.
2. Ein unangenehmes Objekt und der Ärger, die Ablehnung.
3. Müdigkeit des Geistes, wie Langeweile, geistige Mattheit
   und Lustlosigkeit.
4. Geistige Bewegungen in die Vergangenheit, wie Reue oder
   Schuldgefühle, und geistige Bewegungen in die Zukunft,
   wie Sorgen, Ängste oder Pläne.
5. Der skeptische Zweifel und das ewige In-Frage-Stellen
   aller Dinge.

Umgang mit Gedanken am Morgen

Das Aufwachen am Morgen ist eine ganz besondere Zeit, ein
Zwischenzustand, in dem Sie nicht mehr schlafen, aber auch
noch nicht wach sind.

Bewusstheit nimmt langsam Ihren geistigen Raum ein.

Die ersten Gedanken melden sich und laden Sie ein, ihnen
zu folgen.

Es gibt nur zwei Richtungen, in welche die Gedanken gehen:
entweder in die Vergangenheit oder in die Zukunft. Vorhaben

und Projekte tauchen auf, Termine, die auf Sie erwarten, das Problem mit dieser und jener Person oder andere Ereignisse aus der Vergangenheit.

Das Erwachen ist der Moment, in dem altbekannte Sorgen und Unsicherheiten Sie in Beschlag nehmen wollen. Diese repräsentieren das Bild, das Sie von sich selbst haben, erschaffen somit Ihre Identität, die Sie aufgrund Ihrer Erinnerungen bestätigt sehen.

An dieser Stelle ist höchste Achtsamkeit geboten, wollen Sie den Geist nicht auf diese Reisen gehen lassen.

Zur Verdeutlichung diese Übung:

Der Bahnhof

Stellen Sie sich vor, Sie stehen auf einem Sackbahnhof. Da ist ein langer Bahnsteig, davor Gleise, auf denen die Züge stehen. Wenn Sie normalerweise einen Zug besteigen, hat die Reise ein Ziel. Diese ‚Gedankenzüge' aber fragen Sie meist nicht, wohin Sie wollen.

Und schon sind Sie aufgesprungen, ohne dass Sie es wirklich wollten, haben sich vom Bahnsteig entfernt.

Aber es ist nie zu spät zum Aussteigen! Sie springen ab und gehen zurück zum Bahnsteig.

Dieser Bahnsteig ist Ihr Ruhepunkt. Hier atmen Sie tief durch.

Ja, Sie erkennen die Gedanken, die Sie zu solchen unfreiwilligen Reisen einladen.

Aber Sie müssen diese Einladungen nicht immer annehmen!

Sie geben diesen Gedanken-Zügen Namen: „Sorge wegen Projekt X", „Missverständnis mit B", „Urlaub in vier Wochen"…. Arbeit, Beziehung, Haus, Auto, Bankkonto ….

Sie spüren wieder Ihren liegenden Körper, verankern sich mit der Atmung und erfreuen sich daran, nichts aktiv tun zu müssen.

Sie begeben sich im Moment des Erwachens einfach in Ihr „Sein".

Umgang mit Gedanken in die Zukunft gerichtet

Ajahn Chah empfahl, Gedanken, die in die Zukunft gehen, mit dem Mantra ‚Mai-Näh' zu belegen, was einfach nur heißt: ‚Nicht sicher'. Gibt es irgendein Ereignis in der Zukunft, außer der Tatsache Ihres eigenen Todes, dass mit hundertprozentiger Wahrscheinlichkeit eintreffen wird? Bemerken Sie, was die verschiedenen Gedanken, in die Zukunft gerichtet, mit Ihnen machen, wenn Sie sie denken. Wie wäre es, wenn Sie diesen Gedanken für ein paar Momente nicht denken würden, wenn diese Gedanken für eine Weile abwesend wären?

Schaffung des inneren Freiraums

Um offen und frei für den gegenwärtigen Moment sein zu können, ist es ratsam, die Themen und Probleme, die gerade in meinem Leben anstehen, nach einer Art Prioritätenliste zu sortieren. Wichtiges wird möglichst sofort erledigt und verschwindet somit aus dem Kopf.

Themen, für die es gerade keine Lösungsmöglichkeit gibt, bekommen einen angemessenen Platz zugewiesen, will man sie nicht immer wieder gedanklich im Vordergrund haben.

Dieser Vorgang könnte so ablaufen:

Holen Sie die Themen einzeln in Ihr Bewusstsein.

Lassen Sie das Thema als Ganzes da sein, so, wie es momentan ist, ohne nach einer Lösung zu suchen.

Beobachten Sie dabei sich selbst: Können Sie es in Ihrem Körper wahrnehmen?

Geben Sie diesem Thema einen Namen. Lassen Sie das ganze Thema oder Problem da sein, ohne nach einer Lösung dafür zu suchen.

Packen Sie dieses Thema in eine Kiste, Flasche usw. Verpacken Sie es gut und geben Sie ihm einen Namen. Dann nehmen Sie das „verpackte Thema" geistig aus Ihrem Körper heraus und geben ihm einen Platz mit dem festen Vorsatz, sich zu gegebener Zeit mit ihm zu beschäftigen, aber jetzt nicht.

Spüren Sie, ob sich Ihr Körpergefühl verändert, wenn sie abschließend feststellen:

„Abgesehen von all meinen Problemen und Themen geht es mir jetzt ganz gut!"

Wo spüren Sie dieses ‚Ganz gut', wo spüren Sie die Kraft und wo die Freude?

Nirvana-Übung

„Nirvana ist ein natürlicher Zustand.
Es ist der kühle Geisteszustand
ohne jegliche Herzenstrübungen."

AJAHN BUDDHADASA

In ähnlicher Weise können wir den Inhalt unseres Bewusstseinsraumes untersuchen.

Was wir oft gar nicht mitbekommen, ist ein geistiger Zustand, der gerade unbewegt oder weniger bewegt ist. Eine von Ajahn Buddhadasa empfohlene Übungen war die sogenannte ‚Nirvanaübung'. Sie lädt dazu ein, festzustellen, in welchem Zustand mein Geist gerade ist. Aber hier geht es darum, besonders auf die *Abwesenheit* von Qualitäten wie Ärger, Wut,

Geiz, Gier, Angst, Sorgen und so weiter zu achten und das bewusst festzustellen.

Jetzt gerade ist mein Geist frei von ... – welcher Herzenstrübung auch immer.

Auch hier noch einmal das Bild, dass unser Geist eigentlich wie ein leerer Raum ist.

Wie die Einrichtung eines Zimmers auch verändert werden kann, so können auch geistige Qualitäten sich verändern. Der Raum bleibt.

Wir werden Meditation nicht machen, sondern sie geschehen lassen. Wir nehmen die Haltung des Empfängers ein und richten unsere Achtsamkeit auf verschiedene ‚Objekte‘ in unserem Bewusstseinsraum: Gedanken und ihre Inhalte, Gefühle und ihre Qualität, Wahrnehmungen und deren Bewertung. Aber auch die Abwesenheit von Gefühlen, Gedanken und Wahrnehmungen stellen wir fest und bemerken den Raum dazwischen.

All diese Angebote zur Meditation und den Achtsamkeitsübungen geben Ihnen einen Eindruck über die Fülle der Übungen. Manche sprechen Sie an, andere weniger.

Nehmen Sie das, was für Sie nützlich ist und was Sie in Ihrem Alltag anwenden können.

Es geht nicht darum, mit diesen Übungen perfekt zu sein oder sie alle zu üben.

Meditationserleben

4. Bilder, Fragen, Antworten – und doch:
Ich weiß, dass ich nichts weiß.

Neben tiefen Konzentrationsstufen und Einsichten können im Prozess der Meditation viele Bilder und Ereignisse gesehen werden, die auf den ersten Blick nicht verstanden werden.

Fragen können auftauchen, auf die es keine Antwort gibt, Antworten, die keinen Sinn machen, und Interpretationen, die ungewiss sind.

Wir müssen, ja, wir können nicht alles verstehen, und doch fühlen wir manchmal tief in uns eine wortlose Wahrheit, die versucht sich in Worten auszudrücken:

Hier einige Beiträge dazu:
„Die Meditation begann mit vielen Bildern aus meinem persönlichen Leben der Vergangenheit und vielen Bildern, die einfach kamen und nicht in meine jetzige Biographie einzuordnen waren. Ich bemerkte, dass ‚etwas' immer hier blieb, während die Bilder, Gefühle und Gedanken sich ständig änderten. Ich merkte, wie ein Teil von mir immer wieder Stellung bezog zu diesen ‚Geschichten', mich als Person da hineinzogen.

Ja, viel Erlebtes meldete sich und forderte ein genaues Hinschauen.

Die Aufforderung, bei der ersten ‚Austauschrunde' eine Mitteilung zu machen, holte in mir den Satz hervor: Alles ist immer da. Alles! Und dann dieser Teil in mir, der dazu Stellung beziehen kann, aber nicht muss. Einige ‚Geschichten' wollten näher betrachtet werden, aber ich merkte, dass ich eine kleine Wahl hatte, darauf einzugehen oder auch nicht. ..."

„... Ich sah, wie viel ich schon erlebt hatte in meinem Leben und wie und was ich so getan habe. Eine tiefe Liebe spürte ich zu mir selbst. Ich umarmte mich und sagte zu mir: Ich liebe dich. Das war wunderschön zu spüren. Und ein anderer Teil irgendwo in mir war ein wenig misstrauisch, hatte aber keine Chance, größer zu werden. ‚Alles ist da und alles ist immer gut', war ein nächster Satz, der sich meldete. ..."

„... Die gestellte Frage an die Teilnehmer, als Kontemplationsangebot, meine Lieblingsfragen: ‚Wer bin ich?' und ‚Was willst du vom Leben?' waren als Klang immer wieder im Hintergrund. Als die Frage ‚Was willst Du vom Leben?' gestellt wurde, war mir klar, dass diese Frage falsch gestellt war, um das zu beschreiben was ich gerade sah. Die korrekte Frage müsste lauten: ‚Was will das Leben von mir?' An dieser Stelle kam ein großes Wundern über all die Dinge, die ich schon tat und erlebte, und ich fragte mich: Hey, warum machtest du all das?"

„... Irgendwo war ich nun angekommen durch meine Lebensreise, und zwar genau hier! Warum habe ich all diese Dinge getan, warum sind mir all diese Dinge geschehen? Wer hat all das entschieden und bewirkt? Dann kam das Wort „Bestimmung" in meinen Sinn und mein Geist blieb daran hängen. Ich sah Lebenssituationen, die ich mir scheinbar nicht ausgesucht hatte, Dinge, die geschahen, ohne dass ich sie geplant, Dinge, die zu mir kamen, ohne dass ich sie mir gewünscht, und Dinge, die sich veränderten, ohne dass ich es gewollt hätte. Es waren da andere Kräfte am Wirken, jenseits meiner persönlichen Vorlieben oder Einflussnahme. Dann kamen mir die Worte „Karma" und „Aufgabe". Kann es sein, dass meine persönlichen Wünsche mit einer Aufgabe, die ich habe, kollidieren? Dass bestimmte Kräfte einem den Weg zeigen und, gefühlt boykottartig, die ‚Irrwege' korrigieren, in dem Sinne, dass bestimmte Wünsche oder Entscheidungen einfach nicht von den Umständen des Lebens getragen werden und sich so nicht erfüllen können? ..."

„... Dann kam mir meine ‚gescheiterte' Beziehung zu meiner Freundin in den Sinn. Eine Frau, die mir ihre Liebe anbot, die ich aber ‚nicht nehmen' konnte, scheinbar. Oder habe ich sie nehmen können und nur nicht auf den Prozess vertraut? Aber auch diese Liebe war letztendlich an Bedingungen geknüpft. Ich hätte mich nur auf einen Menschen größtenteils beziehen dürfen und ein Teil in mir fühlte sich da sehr eingeschnürt und begrenzt.

Oder hat sich hier die Kraft eines alten Gelübdes einfach in den Weg gestellt? Aber welche Mechanismen und Ängste und auch Sehnsüchte da noch zu entdecken sind, einmal die da wirkten und dann die, die zu korrigieren sind, wird sich im Laufe der nächsten Zeit vielleicht zeigen. Eine innere Stimme sagte einmal zu mir: ‚Du sollst dich von Menschen überfluten lassen'. War diese Stimme, dieses ‚Sehen', ein Hinweis darauf, dass ich eine ständige Öffnung bereithalten sollte, als meine Aufgabe, Menschen zu empfangen, in welcher Form auch immer? "

„... Es kam ein ‚Bild' aus sehr weiter Vergangenheit. Irgendwie fühlte es sich wie ein früheres Leben an, in dem ich ein Gelübde ablegte mit dem Inhalt: ‚Statt in die Nische deines persönlichen Glückes einzutauchen, hast du die Aufgabe angenommen, bereit zu sein für Menschen, die etwas von dir brauchen.' Es zeigten sich Bilder, wo ich es in meinem Leben schon oft tat und meist nicht wusste warum. Aber es hatte immer für alle eine heilsame Wirkung gehabt. Bei allem, was auch immer geschah und gemacht wurde, bemerkte ich: Für alles, was geschieht und jemals geschehen wird: Es gibt keine Schuldigen! Denn die Kräfte, die da wirken, sind jenseits unserer persönlichen Vorlieben und jenseits unserer direkten Einflussnahme, Entscheidung und Kenntnis. Die Frage, die sich an der Stelle in mir erhob war: Wie kann das Erfüllen meiner Aufgabe mit einer Beziehung zusammengehen? Was wird da gebraucht? Sie steht jetzt so im Raum und bedarf gerade keiner direkten Beantwortung. Noch nicht…"

„… Getragen von einer Welle fließender Existenz! Diese Einsicht fühlte sich sehr entlastend an. Zum einen, was in die Zukunft gehende Gedanken betraf, und zum anderen die Bewertung der Vergangenheit. Auf dem Hintergrund dieser Einsicht kamen die Begriffe: „Vertrauen" und „Hingabe." Wie kann ich in diesem Vertrauen über die Richtigkeit der Dinge, wie sie geschehen, bleiben? Wenn ich Christ wäre, würden die Begriffe „Gottvertrauen" oder „Abgeben an Gott" zum Tragen kommen. ‚Ich lege mein Leben in Gottes Hand'.

Aber es ist egal, wie diese große Kraft bezeichnet wird: Das Abgeben bleibt. …"

„… Als Mitglied des Universums bin ich getragen und in dieses kosmische Spiel eingeplant. Es kann also gar nichts schief gehen und in Erinnerung der Worte von Nisargadatta: ‚Nichts kann geschehen, ohne dass das Ganze seine Zustimmung dazu gibt', freue ich mich, dass alles so ist, wie es ist. Auch wenn es immer mal wieder großes Unverständnis, Schmerz und Leid in all ihren Formen gibt und die Frage nach dem Sinn letztendlich erst mal unbeantwortet bleibt. Im Moment bleiben ist die einzige Möglichkeit, um das Leben zu erleben.

Die Erfahrung dieser Meditation und die darauf folgenden Betrachtungen waren eine schnelle Abfolge von Gedanken, Gefühlen, Bildern und Erkenntnissen. ...."

„... Ich fühlte mich wie der Wind, der nirgendwo hängen blieb und durch stetige Bewegung den großen, weiten Raum mit seinen Inhalten durchstreifte. Das Gefühl, Raum für all das zu sein und eine gewisse Wahl zu haben, auf Erscheinungen reagieren zu können oder auch nicht. Eine gewisse Gelassenheit verdrängte die gewohnheitsmäßigen Reaktionen.

Aber dann bemerkte ich, dass ich auch dafür Raum sein kann und ich diese Gedanken und Gefühle einfach nicht bin. Ich stoppte diese Gedankenflut und die möglichen reaktiven Handlungen, besann mich auf den Moment, fand für ein altes Problem eine zufriedenstellende Lösung. Aber auch keine Lösung zu finden, ist in Anbetracht einer gewissen Situation vollkommen okay. Denn was nicht geht, geht halt gerade nicht. ..."

„... Diese Art, im Moment zu bleiben, setzte sich fort. Besonders das Verständnis für mich selbst, wenn mal wieder eine unangenehme Reaktion herauskommt und ich einfach nicht schnell genug war oder genug Abstand zwischen dem Erlebten und ‚mir' geschaffen hatte. Zwischen dem auslösenden Reiz und der Reaktion darauf liegt die Freiheit.

Die gleiche Toleranz gebe ich auch dem Gegenüber und die entwickelte Achtsamkeit schickt den Inneren Bewerter schnell zurück in seine Behausung.

Ja, es ist eine große Kraft in mir, in uns allen. Sie will entdeckt, gelebt, erforscht werden. Oft geht das aber nur, wenn ich meine Hände leer mache und somit Platz für Neues schaffe. ..."

Schlusswort

Woher kommst Du?
Ich komme daher, wohin ich gehe.
Wohin gehst Du?
Ich gehe dahin, woher ich komme.
Wie kommst Du dahin?
Indem ich da bleibe, wo ich bin.

Wir wissen nicht, woher wir kommen, wohin wir gehen und was der Sinn dieses Lebens ist, ob es überhaupt einen gibt. „Ich weiß, dass ich nichts weiß." Welch tiefe, beruhigende Weisheit steckt in diesem Ausspruch von Sokrates!

Der spekulative Geist hält sich gerne bei diesen Fragen nach der Bestimmung, dem Ziel und Zweck auf und vergisst dabei den jetzigen Moment. Buddha sagte, dass ein normaler Mensch das Ausmaß all der Bedingungen nicht kennen kann, derer es bedarf, um überhaupt etwas zum Entstehen zu bringen. Er lehrte die vier edlen Wahrheiten und sagte, dass es ausreiche, sie zu studieren und zu erforschen, um alles Leiden zu beenden.

Es gibt universelle Gesetzmäßigkeiten, wie das Gesetz von Ursache und Wirkung.

Nichts entsteht aus sich selbst heraus, sondern ist immer verknüpft mit vielen anderen bedingenden Faktoren. Das Gesetz des Karmas bezieht sich auf die Absicht des Handelns.

Es besagt, dass die Qualität der Absicht, mit der eine Handlung ausgeführt wird, deren Resultat bestimmt. Kurz gesagt heißt das: Absichtsvollen, heilsamen Handlungen durch

Worte oder Taten folgen heilsame Resultate. Analog verhält es sich mit unheilsamen Absichten.

Eine mich beruhigende Antwort bezüglich all dieser spekulativen Fragen nach Vergangenheit, Zukunft, früheren Leben, kommenden Leben, fand ich in einem Text, dessen Quelle ich nicht mehr erinnere:

,Wenn Du wissen willst, wie Deine früheren Leben waren, schaue in Deine jetzige Lebenssituation.

Wenn Du wissen willst, wie Deine kommenden Leben sein werden, achte auf Deine jetzigen Handlungen'.

Es wird immer wieder auf die „Zeit" hingewiesen, den jetzigen, nicht messbaren Moment.

Hier geschieht alles, was kommt und geht, ohne Vergangenheit und ohne Zukunft.

Mein Lehrer in Sri Lanka, der Ehrenwerte Pemasiri Thero, verabschiedete mich mit diesen Worten: „*Es kommt die Zeit, da musst Du sogar den gegenwärtigen Moment loslassen.*"

Glossar

Ajahn Man Bhuridatta
(* 20.01.1870 in Thailand – † 10.11.1949) war buddhistischer Mönch. Er gilt als Mitbegründer der thailändischen Waldtradition.

Ajahn Buddhadasa
(* 27.05.1906- † 25.05.1993) war einer der einflussreichsten buddhistischen Theravada-Mönche des 20. Jahrhunderts. Er gründete das Kloster Suan Mokkh (Garten der Befreiung, Südthailand. www.suanmokkh.org
Zitate von ihm in diesem Buch mit freundlicher Genehmigung der Buddhistischen Gemeinschaft München (BGM). Sie hat mehrere seiner Bücher ins Deutsche übersetzt: www.dhamma-dana.de

Ajahn Chah
(* 17.06.1918 in Thailand – † 16.01.1992) war buddhistischer Mönch der Waldmönchstradition.
Er war auch Lehrer für westliche Theravada-Mönche und gründete das Kloster Wat Bah NaNa Chat (Internationales Waldkloster) in Nordostthailand. In seiner Tradition wurden Klöster in Europa, den USA, Australien und Neuseeland gegründet. Zitate von ihm in diesem Buch aus ‚Erfahrbare Freiheit,' mit freundlicher Genehmigung des Dhammapala Klosters, Schweiz.

Bhante Henepola Gunaratana
* 07.12.1927 in Sri Lanka. Buddhistischer Mönch der Theravada-Tradition. Lebt seit 1968 in den USA. Das Zitat: Einstellung zur Meditation, mit freundlicher Genehmigung des Werner Kristkeitz Verlag, Heidelberg, www.kristkeitz.de

Meister Eckhard
Christlicher Mystiker des 13. Jhds.

Nisargadatta Maharaj
(* März 1897 in Bombay- † 08.09.1981) Seine Lehre basiert auf dem Advaita Vedanta. Zitate aus: Ich Bin, Teil 1, mit freundlicher Genehmigung des J. Kamphausen Verlag& Distr. GmbH

Pemasiri Mahathero
War lange Abt des Internationalen Meditationszentrums in Colombo, Sri Lanka.
Heute leitet er das Kloster Kandubodha, Sri Lanka.

Ware, Bronnie
Australische Krankenschwester. Sie betreute jahrelang todkranke Menschen.
Ihr Buch: Die fünf Dinge, die Todkranke am häufigsten bereuen.

Willigis Jäger
ist deutscher Benediktinermönch, Zen-Meister und Mystiker.

Pali-Kanon ist die in der Sprache Pali verfasste, älteste zusammenhängend überlieferte Sammlung von Lehrreden des Buddha Siddharta Gautama. Die andere übliche Bezeichnung „Dreikorb" ist eine wörtliche Übersetzung von Tipitaka

(Pali) Sie weist auf die Gliederung der Textsammlung in drei große Teile („Körbe") hin.

Vier Edle Wahrheiten
Die Vier Edlen Wahrheiten sind das Kernstück der Lehre Buddhas.

Sie besagen:
Das Leben im Daseinskreislauf ist letztlich leidvoll.
Ursachen des Leidens sind Gier, Hass und Verblendung.
Erlöschen die Ursachen, erlischt das Leiden.
Zum Erlöschen des Leidens führt der Edle Achtfache Pfad.

Visuddhi-Magga
(„Weg der Reinheit") ist ein bedeutendes buddhistisches Werk aus dem 5. Jahrhndert n. Chr.

Die Abhandlung des Gelehrtenmönchs Buddhagosa gilt als erste vollständige und systematische Darstellung der Theravada-Buddhismus. Verfasst ist es in Pali, der Schriftsprache des Theravada.

Danksagung

Es gibt viele Menschen, bei denen ich mich bedanken möchte, die ich aber hier leider nicht alle nennen kann.

Ich bedanke mich bei meinen weisen Lehrern, besonders bei Ajahn Buddhadasa, der mich mit seinem klaren Lehrstil und seinem großen Herzen an die Grundwahrheiten der menschlichen Existenz heranführte.

Bei allen Teilnehmern meiner Seminare und Kurse, die mir die Möglichkeit geben, das in die Welt zu bringen, was mir am Herzen liegt.

Bei Herrn Werner Vogel für seine freundliche Bereitschaft, dieses Buch zu verlegen.

Bei meinem Bruder Reinhold Jordan für die Unterstützung textlicher Formulierungen, nicht nur für dieses Buch, sondern in den ganzen letzten Jahren.

Bei meinem Sohn Samuel, der mich immer wieder an die Liebe erinnert, für die es keine Bedingungen gibt, und der dem Papa in den letzten Monaten den Raum gab, sich den Texten zu widmen.

Mein besonderer Dank geht an Hedel Gerhardus-Weber, die alle Texte gelesen, korrigiert und mich mit ihrem kreativen Enthusiasmus beim Zusammenstellen des Manuskriptes hilfreich unterstützt hat.

Herzlichen Dank!

Weitere Bücher aus dem Verlag Via Nova:

Alles ist da –
du musst es nur finden
Mystische Erfahrungen im Alltag
Gisela Zuniga

Taschenbuch, 208 Seiten, ISBN 978-3-86616-251-8

Viele Menschen in unserer Zeit suchen nach religiöser Erfahrung, sehnen sich nach Spiritualität. Eine erfahrene Meditationslehrerin macht sich mit dem Leser auf die Spur seiner tiefsten Sehnsucht. Sie begleitet ihn auf dem Weg zur Vereinigung mit dem letzten Geheimnis, mit seinem tiefsten Grund, mit Gott. Sie lehrt den spirituellen Weg der Kontemplation. Sie führt in die Stille, um hinter der Stille des letzten Geheimnisses gewahr zu werden, in die Fähigkeit des Loslassens und zur Erfahrung des wahren Selbst. Es ist der Weg von der Oberfläche in die Tiefe, vom Haben zum Sein, aus der Zerstreutheit zurück in den Ursprung. Jeder Mensch, so sagt die Autorin, ist fähig, in ein Höheres Bewusstsein zu erwachen und ein Leben aus der Kraft des Seins zu führen, ohne Angst, ohne Sorge, in Freiheit und Liebe.

Das Buch der Selbstheilung
Mit Imagination die inneren Potentiale
stärken und entfalten
Heilsame Übungen für die Reise nach innen
Alexandra Kleeberg

Paperback, 352 Seiten, ISBN 978-3-86616-244-0

Die Autorin komponiert Selbstheilungstechniken aus verschiedenen Kulturen und Zeiten in einen für uns heutige Menschen entwickelten Kanon der Heilung: Wo die Energie den heilenden Vorstellungen, den inneren Bildern folgt, verwirklicht sich Gesundheit im Körper. Auf spielerisch leichten und tiefgründig weisen Pfaden werden die Leser/Innen durch das Kraftfeld der Imagination geführt. Sie können eintauchen in das Meer unendlicher Möglichkeiten und Heilung erlangen. Mit Exkursen in die Welt der Forschung und der Einbeziehung der Archetypen von C.G. Jung, mit einer begeisterten Beschreibung der wichtigsten gesundheitsfördernden Grundeinstellungen, mit bunten Imaginationen und vielen praktischen Übungen werden Verstand, Seele und Körper ganzheitlich aktiviert, damit sich Selbstheilung vollzieht. Schon beim Lesen kann Heilung beginnen.

Die Vision vom göttlichen Menschen

Eine spirituelle Weg-Begleitung
in das neue Jahrtausend

Barbara Schenkbier

Paperback, 424 Seiten, 21 ganzseitige Bilder,
ISBN 978-3-928632-68-3
Prachtband: Geb., 424 Seiten, Einband Kunstleder mit
Goldaufdruck,21 ganzseitige Bilder, Zweifarbendruck,
ISBN 978-3-928632-18-8

Das Buch ist ein umfassendes Standardwerk, das
den Durchbruch einer neuen Evolutionsstufe im
Bewusstsein des Menschen vorbereiten hilft.
Aufbauend auf wissenschaftlichen Erkenntnissen und der mystischen Tradition aller Religionen
führt es zu einem tieferen Wissen über das menschliche Bewusstsein, um
dann den Weg zum göttlichen Menschen zu beleuchten. Alle wichtigen
Schritte werden beschrieben, wesentliche Übungen aus einer neuen Sicht
heraus dargestellt und die Transformationsstufe zu einem neuen Bewusstsein geschildert. Beim Lesen und Anwenden der beschriebenen Wahrheiten
eröffnet sich dem Leser eine neue Sicht auf den Sinn des Lebens. Alle, die
den geistigen Weg beschreiten, werden ihn besser verstehen, ihn bewusster,
mutiger und konsequenter weitergehen. Das Buch ist aus der eigenen spirituellen Erfahrung der Autorin heraus geschrieben und eröffnet den Blick in
eine Zukunft, die die evolutionäre Schöpferkraft selbst schaffen wird.

Die Aktivierung des Weltinnenraums

Was Sie in sich selbst bewegen,
bewegen Sie in der Welt

Mike Kaiser

Paperback, 576 Seiten, ISBN 978-3-86616-229-7

Der versierte Umgang mit dem eigenen Bewusstsein – dem Weltinnenraum - zählt zu den Schlüs-
selkompetenzen des 21. Jhs. Indem der Mensch
seinen Weltinnenraum mit seinen physischen,
mentalen, emotionalen, energetischen und see-
lischen Dimensionen erkundet und gestaltet,
verleiht er wesentlichen Bereichen seines Lebens
eine völlig neue Qualität und verändert auch er-
folgreich die äußere Welt. Dieses Buch beschreibt Aufbau und Funktionswei-
se des Weltinnenraumes und gibt dem Leser praxiserprobte Techniken an die
Hand. Es verbindet das Wissen alter Weisheitstraditionen mit den neuesten
Erkenntnissen der Quantenphysik sowie der Gehirn-, Bewusstseinsund Medi-
tationsforschung. Dieses umfangreiche Werk ist ein wertvoller Ratgeber für
alle Menschen, die wiederkehrende Probleme lösen und den Grundstein für
ganzheitliche Gesundheit und Glück legen wollen.

Heilpflanzen als Weg-Begleiter

**Wirkweise der Farben und Jahreszeiten,
Wissen der Völker,
Heilende Anwendungen, Heilpflanzen
im Spiegel der Mythen und Märchen
Hilla Hatzfeld**

Hardcover, 352 Seiten, 94 farbige Fotos,
ISBN 978-3-86616-245-7

Dieses Buch ist ein wichtiges Werkzeug, um ein
tieferes Verständnis für die Heilkräfte der Pflanzen zu wecken. In der Betrachtung der Pflanzen
und ihrer heilenden Wirkung kann der Mensch
seine eigenen körperlichen und geistig-seelischen Zustände erkennen,
die der Heilung bedürfen. Dabei helfen Pflanzenporträts, ein praktischer
Übungsteil, Signaturenkunde, Achtsamkeitsübungen und Hinweise zur
Wahrnehmung der tieferen Lebenskräfte der Pflanzen. Die Bedeutung der
Farben und die Einbindung der Pflanzen in den Jahresrhythmus, die Beschreibung der möglichen Heilanwendung sowohl als Rezeptur als auch
als Heilwirkung für Geist und Seele vertiefen die Aussagen des Buches.
Vielfältige Anregungen für die vegetarische Küche machen Lust, Altbe-
währtes auszuprobieren und neue Kreationen zu entdecken. Alte Mythen
und Märchen und das darin enthaltene Wissen der Völker um die heilenden
Wirkungen der Pflanzen vertiefen die Verbundenheit mit allem Gewesenen
und Kommenden.

Wohlfühlhormon Serotonin – Botenstoff des Glücks

**Der körpereigene Aufbau
durch native Ernährung
Rolf Ehlers**

Hardcover, 288 Seiten, ISBN 978-3-86616-208-2

Das unverzichtbare Schlüssel- und Wohlfühl-
hormon Serotonin ist der zentrale Botenstoff,
der in uns Menschen eine mental-hormonelle
Balance, Gesundheit und damit Lebensglück
bewirkt. Rolf Ehlers stellt in diesem Buch das
Aminas-Prinzip vor, das er entdeckt und entwickelt hat, und begründet
umfassend und überzeugend, dass mit dem Verzehr nativer Kost auf leeren
Magen Serotonin zuverlässig auf natürliche Weise im Gehirn aufgebaut
und im gesamten Körper sowie auch seelisch wirksam wird. Fachleute haben seine Erkenntnisse zu Recht als bedeutendste Entdeckung auf dem
Gebiet der gesunden Ernährung in den vergangenen Jahren bezeichnet.

„In diesem Gefäß erklingt das Ewige"
Kabirs Yoga des Glücks – Poetische Texte des großen indischen Mystikers
Ralph Skuban

Geschenkbuch, Hardcover, 144 Seiten,
ISBN 978-3-86616-253-2

Kabir lebte im 15. Jahrhundert in Indien. Von Beruf war er Weber. Doch seine Berufung war es, als erleuchteter Weiser und verwirklichter Yogi die Herzen der Menschen zu berühren. In seinen poetischen Liedtexten bringt er zum Ausdruck, was sich in Worten eigentlich nicht sagen lässt: die mystische Erfahrung des inneren Lichts und die glückselige Einheit mit Gott. Seine Lieder schäumen über vor Leidenschaft, Wahrheit und Liebe. Kreativ und souverän spielt er mit den mystischen Symbolen des Hinduismus und des Islam und betont so das, was die spirituellen Wege verbindet, nicht das, was sie trennt. Und er wird nicht müde, auch uns, die wir ihm zuhören und seine Worte lesen, immer wieder aufzurufen, endlich aus dem Traum zu erwachen, uns auf den Weg zu machen.

Vom Verstand zur Intuition
Wie man die Sackgasse Egoismus überwindet
Heinz-Uwe Hobohm

Hardcover, 288 Seiten, ISBN 978-3-86616-248-8

Je mehr intuitive Kraft jemand hat, desto weniger egoistisch verhält er sich. Je weniger egoistisch man sich verhält, desto mehr Glück kann man erfahren. Überraschenderweise ist Glück also ein Resultat von Intuition. Dieser Zusammenhang wurde seit Jahrtausenden von Intuitionsmeistern und -meisterinnen – den Mystikern aller Kulturen – immer wieder unabhängig voneinander entwickelt. In diesem Buch werden zunächst die Grenzen des Verstehens der Wirklichkeit durch den Verstand in der Beschreibung ungeklärter wissenschaftliche Rätsel aufgezeigt, der Kern der Aussagen von Mystikern und Meditationsmeistern herausgearbeitet und auf den heutigen Alltag übertragen. Intuition ist lernbar, selbst loses Handeln ist lernbar! Die Entwicklung der Intuition nimmt deswegen einen größeren Raum in dem Buch ein. Sie ist mit dem Abbau von Egoismus eng verbunden. Meditation, Selbsterkenntnis und Transformation des Egobewusstseins sind der Weg, dieses Ziel zu erreichen.